回话的技术

篱落 ◎ 编

黑龙江科学技术出版社

HEILONGJIANG SCIENCE AND TECHNOLOGY PRESS

图书在版编目（ＣＩＰ）数据

回话的技术 / 篱落编 . –– 哈尔滨：黑龙江科学技术出版社 , 2019.3
ISBN 978–7–5388–9972–6

Ⅰ . ①回… Ⅱ . ①篱… Ⅲ . ①语言艺术 – 通俗读物
Ⅳ . ① H019–49

中国版本图书馆 CIP 数据核字 (2019) 第 038344 号

回话的技术
HUIHUA DE JISHU
篱 落 编

项目总监	薛方闻	
策划编辑	沈福威	
责任编辑	徐 洋　马远洋	
封面设计	程芳庆	
出 版	黑龙江科学技术出版社	
	地址：哈尔滨市南岗区公安街 70–2 号　邮编：150007	
	电话：（0451）53642106 传真：（0451）53642143	
	网址：www.lkcbs.cn	
发 行	全国新华书店	
印 刷	北京铭传印刷有限公司	
开 本	880 mm×1230 mm　1/32	
印 张	6	
字 数	150 千字	
版 次	2019 年 3 月第 1 版	
印 次	2019 年 3 月第 1 次印刷	
书 号	ISBN 978–7–5388–9972–6	
定 价	36.80 元	

前　言
PREFACE

在日常交际中，每个人都需要与人沟通和交流。交流作为一种双向的互动活动，自然少不了提问与回答。回话，是社交生活中一项必备的沟通技术，是在生活和工作中加强交际、维护人际关系的重要技能。

善于回话，可以让你吸引别人的目光，得到更多机会。而不善回话，可能让你被误解、被拒绝，甚至与机会失之交臂。如果你能比别人回答得更迅速，就能得到机会的垂青；如果你能比别人回答得更深刻，就可能在通往成功的路上前进一大步。

要把每一次回话都当作是一次学习的契机，对同一个问题的回答可能让你备受瞩目，也可能让你饱受诟病。回话，不仅需要技巧，还是一门学问。回话，不单单展现了一个人的语言表达能力，也透露出一个人的思维活跃程度和辩论反驳的智慧。

本书深入浅出，条分理析，结合经典案例，深入剖析回话中的关键问题，详尽讲解了生活中各种场景的回话技巧和回答方法，将人际沟通的技巧与思维贯穿始末。通过本书，读者能够学到相应的回话技巧，有效提高自己的应变能力，从而坦然自若地应对种种沟通难题和生活疑惑，从而帮助自己成为沟通的达人、生活的赢家。

目 录
CONTENTS

第三章　巧妙回话，婉拒对方

第四章　灵活回话，机智救场

第五章　进退有度，攻守有方

第六章　提高情商，善解人意

第七章　含蓄节制，委婉回话

第八章　书面回话，讲究方法

第一章
准备充分，自信回话

开口之前用心倾听

古希腊哲学家苏格拉底曾说过："上天赐人以两耳两目，但只有一口，是让我们多听少说。"

倾听不仅是为了理解别人的意思，也是对别人发言权的一种尊重。倾听有利于对方表达出自己的想法，有利于沟通的顺利进行，能够获得对方的好感。一个没有倾听意识的人，往往会引起别人的不满。

乔·吉拉德是美国知名的汽车"推销大王"，他一生卖出去1万多辆汽车，其中有一年就卖出1425辆，平均每天卖出近4辆，这一成绩创造了汽车销售界的纪录。然而，在如此成功的销售人士的销售生涯中，有一次失败的经历是令他难以忘怀的。

一天下午，一位男士向他买车，吉拉德运用他高超的口才，向那位男士介绍汽车，眼看就要签单了，对方却放弃了购买，走出了4S店。

对于这位顾客的突然放弃，吉拉德感到莫名其妙，他怎么也想不出问题出在了哪里。当天深夜11点钟，他忍不住给那位顾客打电话："先生，你为什么不买我的车呢？是不是我哪里做得不够好，引起了你的不满？"

对方不耐烦地说："现在是晚上 11 点钟。"

"我知道，真的很抱歉，但我想做个比别人更好的推销员，你愿意指正我的不足吗？"

顾客："真的？"

吉拉德："绝对！"

顾客："好，你在听吗？"

吉拉德："非常专心！"

顾客："但是今天下午你并没有专心听话。"

顾客告诉吉拉德，今天下午他本来下定决心买他的车，可是在签单的最后一分钟，他犹豫了。因为当他在沟通中提到自己的儿子将要进入密歇根州立大学，准备当医生，而且他很有运动才能时，吉拉德露出了不在乎的眼神，似乎一点兴趣都没有。当时吉拉德在干什么呢？他一边准备收钱，一边在听办公室外面另一个推销员讲笑话。

是的，正是因为吉拉德没有认真听顾客讲述儿子的那些话，引起了顾客的不满，最后顾客放弃了签单，原因就这么简单。一次不专注的倾听，决定了一次营销的失败。这对于营销人士来说，无疑上了一堂深刻的"倾听课"。

有位顾客买了一件西服，回家后发现衣服掉色，就拿着衣服去和售货员理论，要求退货。商店经理闻声赶来，很快就平

息了这次争吵。经理的做法很简单，就是认真倾听，让顾客充分发言。

等顾客说完后，经理说："真的很抱歉，我并不知道这西服掉色，您认为现在应该怎么处理呢？我们完全听从您的意见。"

顾客说："有什么法子可以防止掉色呢？"

经理说："能否请您试穿一个星期再做决定？您那时候如果还不满意，拿过来还可以退货。"

结果，顾客穿了一个星期后，发现西服不再掉色了。

在《玫琳凯谈人的管理》一书中，作者玫琳凯·艾施曾对倾听做了这样的评价："我认为不能听取别人的意见，是自己最大的疏忽。"在经营企业时，玫琳凯成功的秘诀之一是重视每个人的意见，她告诉自己：倾听是最优先的事，绝不可轻视倾听。事实上，几乎所有顶尖的营销人士、成功者，都明白倾听对回话的重要性，倾听带给自己的不仅是他人的好感，还有实实在在的财富。

倾听首先要保持专注，如，眼睛要注视着对方，无论对方的身份和地位如何，都应该这样做。如果你眼睛看着别处，即使你真的在听，也会引起别人的不满。在听的过程中，不要做其他事情，比如玩手机，这是不恭敬的表现。

倾听不是绝对不说话，如果你在听的过程中一言不发，别人怎么知道你在不在听呢？或许你思想走神了呢？因此，最好的表示是，时不时地回应一句，如"是的，没错""嗯，很有道理""我也是这么认为的""这是当然"，等等。当然，你还可以抓住时机，回复一些简短的问题，如"后来发生了什么呢""你是怎么做到的"，等等，这些问题表达你对对方的话题感兴趣，也有助于激发对方的谈兴。

　　有些人在沟通中，一旦听到别人的意见与自己的意见不同，或者听到别人说的话对自己不利，马上就坐不住了，立即打断对方说："你的想法不对……""大错特错！"这是很没有礼貌的，而且还会影响对方表达自己的观点。

　　正确的做法是，先认真倾听，等对方讲完之后，你再针对他的观点做出回话。在回话的时候，最好先认同他意见中有道理的地方，再指出他意见中你不认同的地方，这样对方更容易接受你的意见。

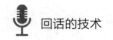

不同的人，不同的回话方式

在回话时，不考虑对象的具体情况，都用一样的口气回话，是一种愚蠢的表现。

有个秀才晚上被蚊子咬醒了。

妻子问："你怎么了？"

秀才说："尔夫为毒虫所吸也。"

妻子眨巴着眼睛，半天没反应过来丈夫在说什么。

秀才见状，提高了嗓门，说："尔夫为毒虫所吸也。"

妻子还是没有明白。秀才急了，生气地说："老婆子！我快被蚊子咬死了！"

妻子听到这话，说："哦，我来支起蚊帐。"

说话不考虑对方的理解能力、接受能力，就等于射击时不瞄准目标，回话就容易出现偏差，沟通就很容易出现问题。孔子曾经说过："中人以上，可以语上也；中人以下，不可以语上也。"意思是，和中等资质以上的人说话，可以告诉他深奥的道理；和中等资质以下的人说话，说深奥的道理他就很难理解了。

在回话时，绝不能只是按照自己的思路走，还要看对方是否听得懂，是否愿意听，听了之后是否愿意和你聊，这就不得不考虑对方的知识水平与接受程度。看对方的知识水平回话的人，也许称不上是老实人，但绝对是有智慧的沟通者。

回话除了要看对方的身份和地位，还应看对方的理解能力、年纪、职业等，因为年纪、职业与身份联系紧密。

（1）根据知识水平，区别回话。

回应知识水平高的人时，就有必要在选词用句上下工夫，这既不影响对方理解和接受，又能体现出你的知识水平，有利于拉近你们的距离。回应百姓，就用朴素通俗的语言，应该讲得通俗易懂、朴实无华，切不可卖弄学识，故作高深，说出一些令人听不懂的话。回应孩子，就要用孩子听得懂的语言，小孩子的知识水平有限，对世界充满好奇，我们在回话时要考虑孩子的接受能力，以保正孩子听得懂。

（2）根据身份回话，还须考虑年纪。

一个年纪大的人，身份相对来说高一点，即便他实际上不是官员，不是名人，起码也是长者，这层身份也值得我们对他多一点尊敬，多一点礼貌。举个很简单的例子，别人问你年龄，你告诉对方你的年龄之后，你又问对方的年龄。如果对方是小孩，你可以问："你几岁了？"如果对方是同龄人，你可以问："你多大了？"如果对方是年长者，你可以问："您今年高寿啊？""您

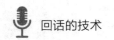

高龄啊？"这样就能让人感觉到你是懂礼貌、有教养的人。

（3）根据对方的职业，选择性回话。

在现代社会，职业往往是一个人身份的重要体现。比如，一个人是做生意的，做生意是一种职业，商人是他的身份。面对不同职业的谈话对象，在回答他们的问题时，我们有必要有意识地把话题引向他们感兴趣的地方，激起对方谈话的兴奋点。

比如，与一位养花者聊天，在回话时，就可以尽量往花花草草上靠，这样便于激发对方的聊天兴趣，对方谈论自己感兴趣的话题，肯定会眉飞色舞、滔滔不绝。相反，如果你对一位潜心研究学问的学者大谈"股票""生意经"，他定会嗤之以鼻；你对一个经商的人谈"治学之道"，他肯定会觉得味同嚼蜡。

回话要针对对方性格

在沟通中，回话不可千篇一律，对待不同性格的人，回话上应有针对性，主要表现为以下两点：

在回话的方式上，对待慢性子的人，回话时考虑的时间可以加长，而不是对方一说完，你就马上回答，否则，容易给对方造成压力感；对待急性子的人，回话就要快一点，不要拖拖拉拉、拐弯抹角。

在回话的内容上，对待自尊心较强的人，回话就应该委婉一些，不要直来直去，让人觉得有伤面子；对待大大咧咧的人，回话就可以直接一点，甚至可以开开玩笑、"打情骂俏"，因为对方不会生气，反而会觉得你和他是一路人。

两千多年前，大思想家、教育家孔子就已经认识到回话要考虑对方的性格，他在回答学生的提问时，就非常注意考虑这一点。

有一次，学生仲由问孔子："老师，听到了，就可以去干吗？"

孔子回答说："不能。"

学生冉求也问孔子同样的问题："听到了，就可以去干吗？"

孔子回答说："那当然，去干吧！"

孔子回答两个学生的话被公西华听到了。公西华感到非常疑惑，就问孔子："两个学生问你同样的问题，你为什么回答得却相反呢？我有点儿糊涂，想来请教。"

孔子说："求也退，故进之；由也兼人，故退之。"意思是："冉求做事不够果断，喜欢退缩，所以，我用肯定性的回答鼓励他，帮助他自信勇敢一点；仲由争强好胜，有勇无谋，所以，我用否定的回答规谏他，劝他做事要三思而行。"

孔子的话也启示我们，在回话的时候，要讲究话随人变的技巧，根据不同的性格来决定回话的策略。若不注意这个技巧，就很容易说错话，得罪人。

有个年轻的销售员由于不注意根据对象的性格回话，冒犯了客户，失去了一单生意。

赵老板："小胡，好久不见啊，怎么也不给我来电啊！我店铺里的货已经售完了，什么时候给我补货啊？"

小胡笑呵呵地说："你小子真是的，缺货了提前跟我打招呼啊，我又不知道你的货什么时候卖完。"

事实上，赵老板年纪比小胡大了十多岁，小胡居然没大没小地叫赵老板"小子"，这让赵老板听了很不舒服，但他还是强忍着说："我卖的是你们的货，你是不是也得多关心一下我们这些零售商啊！"

小胡："有话快说，有屁快放，要多少货，我这里忙着呢！"

嘟嘟嘟……赵老板生气地挂断了电话。

其实，小胡在接到赵老板电话之前，接到了另一位客户的电话，那位客户就是个不拘小节的人，玩笑话张口即来，小胡也是这类人，所以，他和那位客户聊得特别愉快。当他接到赵老板的电话时，也用之前那种回话方式与之交谈，可赵老板是个讲文明、懂礼貌、自尊心强的人，小胡没大没小、粗俗随便的说话方式让他很是生气。

射箭要看靶子，回话要看对象。小胡就是因为不懂得根据对象来回话，才致使自己失去了一位老客户。这个故事再次告诉我们，回话一定要看对象的性格，千万不要用一种方式对待不同性格的顾客。

（1）对待自我意识强烈、自尊心强的人，回话中应多一些认同。

在生活中，有一种人自我意识很强、自尊心很强，最听不得别人公然反对的意见，觉得这样有损自尊心，让自己没面子。对待这种人，我们在回话时，就应多一些认同，多一些委婉的劝说，而且一定要保持礼貌的回话态度，这样才能与对方愉快地沟通。即使对方的观点没什么道理，你最好也别直接否定他，如说"你的想法错了""我的办法更好"等，不妨说"你说的不无道理"之类的话附和，积极地接受对方的意见。

（2）同性格内向的人谈话，应多一些循循善诱的引导。

性格内向的人往往不太爱讲话，尤其是当你和他不熟悉时，他可能沉默寡言，这个时候，你不用太着急，不妨多一些循循善诱的引导，一步步地激发他的谈话积极性。相反，同性格外向的人谈话，你就可以多一些倾听，鼓励他说话，在回话中多提一些问题，多开一些玩笑，营造轻松的谈话氛围。

回话的逻辑性很重要

在阐述观点或回答问题时,你有没有经常被人这样打断:"你到底想说什么?""你的重点是什么?""你能不能用一句话简单概括一下?"如果你的回答是肯定的,那么说明你的回话在别人眼里是缺乏逻辑的。

说话的逻辑性有多重要呢?简单地说,如果他说出来的话毫无逻辑、杂乱无章,别人听了不知所云,那么他就无法传达自己的想法。这样别人就无法理解他。相反,一个说话有逻辑的人,不但可以准确无误地表达自己的想法,还能通过逻辑性回答达到自己的目的。

一个教徒在祷告时居然吸烟,教父发现后生气地质问道:"你怎么能在祷告的时候吸烟?"

教徒没有直接回答,而是反问:"在祷告的时候不能吸烟对吧?"

教父说:"当然了,这还用问?"

教徒问:"在吸烟的时候可以祷告吗?"

教父说："这是可以的。"

教徒说："教父，我就是在吸烟的时候祷告啊！"

教父笑着说："很好！"

教徒明明在祷告的时候吸烟，却被他说成是在吸烟的时候祷告，最后居然赢得了教父的谅解。你可以批评教父的"糊涂"，但我更愿意肯定教徒的"聪明"。他巧妙地改变了回话内容的次序，就轻松达到了逃避吸烟责罚的目的。

同样，如果你说一个学者开了个公司，别人听了可能会觉得这个学者俗气。可如果你说一个商人喜欢钻研学术，那么别人听了就会肃然起敬，尊称这个人为儒商。

其实，整个事件清晰地摆在眼前，但是由于改变了回话内容的次序，就会给人不一样的听觉效果。所以，在回话时搞清楚先说什么、后说什么非常重要。如果不注意回话内容的次序，就很容易带来不好的影响。

有位母亲正在家里做饭，邻居太太突然在门外大叫："不得了啦，不得了啦，你家孩子在马路上玩球，一辆大卡车过来了，你孩子……"

听到这里，孩子的母亲已经差点晕倒在地了。

邻居太太急着叫道："你没事儿吧？先别急啊，我还没说完呢，你孩子差点被撞了，还好有位先生及时把孩子抱开，现在没事了。"

看到这样的例子，不免让人担心：孩子虽然没有受伤，孩

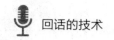
子妈妈可能会因心脏病发作进医院。如果真是这种结局，应该怪谁呢？肯定是怪那位邻居太太，因为她在说话时，没有考虑听众的内心感受，没有思考先说什么，后说什么，才会导致说话的内容听起来很吓人。如果一开始，她就对孩子母亲说："刚才你孩子差点被撞了。"就算想描述一下刚才惊险的场面，也可以接下来再细细道来。

在回话时，保证回话的条理性是把你的话说清楚的关键。这就要求你在回话之前，心中要有一个大纲，如别人问你什么，你想告诉对方什么，先告诉对方什么，再告诉对方什么，等等。如果你想告诉对方的信息量比较大，还可以分条说。有些领导在讲话时就做得很好，他们经常这样说："我们的原则是：第一……第二……第三……"最后简单总结一下。当然，你还可以用"首先……其次……再次……最后"这种句式来回话，以保证回话有条理，不漏掉重要信息。

在回话时，如果你想达到证明对方是错的、说服对方的目的，那么你最好能够巧妙地运用逻辑推理。在逻辑推理面前，对方的观点无法自圆其说，自然就会败下阵来。

在美国首任总统华盛顿年轻时，有一次，他突然发现家里的马少了一匹，经过他的调查核实，马被邻居偷走了。华盛顿报警后，警察来到邻居的农场调查，但邻居却一口否认，非说那是自己的马，拒绝归还。

华盛顿知道，如果不能揭开邻居的鬼把戏，就要不回自己的马。于是，他用双手蒙住马的两只眼睛，对邻居说："你说这马是你的，那你一定知道这匹马有一只眼睛是瞎的。现在请你告诉警察先生，马瞎的是左眼还是右眼呢？"

"右眼。"邻居说。

华盛顿将蒙住马右眼的手移开，发现马的右眼并不瞎。

"我说错了，马的左眼才是瞎的。"邻居急忙争辩。

华盛顿不急不躁地放开另一只手，发现马的左眼也是完好的。

"我又说错了……"邻居还想争辩，但警察已经看不下去了，说："是的，你错了，因为事实证明这马根本不是你的，你必须把马归还给华盛顿先生。"

在这个例子中，华盛顿针对邻居的狡辩，用逻辑推理进行了回应，通过步步为营的策略，引诱邻居上钩，最后露出了马脚。如此有逻辑的设计，如果能巧妙地用到证明、推理、说服等回话上，一定能顺利地达到回话的目的。

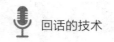

最后一句话也是最重要的一句

最后一句回话，也就是告别语、结束语，这句话也许很简短、很简单，但是怎么说却关系重大。

心理学上有一个"近因效应"，指的是当人们识记一系列事物时，对末尾部分的记忆效果优于中间部分的现象。因此，如果说开头第一句回话是一份美味的开胃水果，那么收尾的回话就是一杯香浓的咖啡，让人回味无穷。

设想这样一种情况，假如你所在的公司已经连续半年销量不佳，因没有完成总公司设定的销售任务，分公司的销售经理压力非常大。第七个月，总公司又安排了很大的销售任务，按你们前六个月的销售业绩来看，这基本属于"不可能完成的任务"。然而，销售经理把销售任务分解到人，每个销售代表都有很大的任务量，你认为自己的任务量很大，不可能完成，同事们也是这么认为的。在任务分解会议上，你举手站了起来，销售经理问你有什么想说的，这个时候你会怎样与他沟通呢？如果沟通结果你不满意，你又会怎样收尾呢？

在思考这个问题之前，你必须对这次沟通背景进行分析。要知道，你们分公司已经连续六个月没有完成销售任务了，销售经理压力很大，如果再完不成销售任务，他可能面临"撤职"的危机。没办法，他只好把销售任务分解到人，这样即使最后完不成，总部追究责任下来，他也只是承担一部分的责任；如果不分解销售任务，最后任务没有完成，总部追究的全部是他的责任。在这种情况下，你跳出来对他的任务安排提出异议，他的第一念头是什么呢？很可能是：你这小子，居然敢和我唱反调！所以，如果沟通不好，你就麻烦了。那么，你会怎样与销售经理沟通呢？

　　会议上，小王举手了。销售经理问："小王，你有什么想说的？"

　　小王："经理，我们团队的销售能力你也知道，每个人每个月能完成多少销售任务，你也清楚，我认为这个月分配给大家的销售任务难度不小！"

　　销售经理："难度肯定是有的，有你这种想法的，肯定不止你一个人。任务有难度，很难完成，这是事实，但你们要知道，有难度才有挑战，有难度才是我们销售团队存在的意义。上面下达了任务，我们没有讨价还价的余地，必须完成，这是命令。至于销售促销资源，我会尽力向总部申请。但说实在的，总部的费用也很紧，能申请到的数量也有限。还有问题吗，小王？"

　　"申请的费用太少有什么用，说了半天又绕回来了。既然

你都这么说了，我能有什么问题？"小王一脸抱怨。

面对经理的解释和提问，小王用一句带有抱怨性的回话结束了交谈，这表明小王并不是心甘情愿接受任务安排的，而且对经理之前的一番解释也很不满。如果你是经理，听了小王这句结束语，你肯定心里不舒服。那么，怎样的结束语才让你舒服呢？

会议上，小陈举手了。"小陈，你有什么话讲吗？"经理说。

"经理，你也知道我那个区域的情况，目前还没有完全打开市场。可是这个月的销售任务却是上个月的两倍，我们完成起来很有困难啊！"小陈说。

"不只你有这样的想法，我想其他人也有这样的想法。任务完成困难是事实，销售上有困难，这是我们存在的意义，但既然上面下达了任务，我们就要想办法完成。为了配合大家完成销售任务，我会努力向公司申请销售经费，虽然申请的经费可能有限。还有问题吗，小陈？"

"我知道了，我知道公司的难处，也知道任务就是任务，我一定会积极想办法，尽我最大的努力去完成销售任务。"

在这段对话中，小陈最后做了一个表态式的收尾，而且是肯定式的表态，因为这个表态，销售经理对小陈增加了好感。这就是肯定式收尾性回话的技巧，它能给交谈画上圆满的句号，能给人认同感，从而赢得他人的好感。

每个人都希望在交谈结束时，最后一句回话能给对方留下深刻的好印象。如果只是简单的一句"再见"，未免太枯燥、太乏味；如果只是简单的一个字"哦""好""行"，未免显得太冷淡。那么，我们到底该怎样用一句好的回话为交谈收尾呢？

（1）嘱咐式收尾。

在交谈双方说完了自己的想法、意见或流露出自己的某种意愿之后，觉得有些话不能对外宣扬，不便传播给他人，因此，在交谈结束时，要特别嘱咐一句，也能表达一方对另一方的重视。例如，"刚才我讲的一些话是一些不成熟的看法，都没好意思跟别人讲。因为你是我最信任的人，所以先讲给你听，你不要传出去，以免引起麻烦……""我对你讲的都是心里话，你千万别告诉别人！"这种嘱咐式收尾，能引起对方的注意，还能起到强调重点的作用，更能告诉别人：他在你心中的位置不一般。

（2）征询式收尾。

在交谈完之后，可以根据你的交谈目的，在收尾时做出征询式的回话，向对方表达你的意见、要求、忠告、劝诫等。例如，"张小姐，我没什么恋爱经验，第一次约会有点紧张，如果你觉得我哪些地方做得不够好，希望约会结束后你能在短信上告诉我。""你还有别的什么要求吗？说出来，我会尽力帮你解决！"

用征询式回话来收尾，能给人一种谦虚大度、细致周到、稳重老成的印象。对方听到你的征询，会感受到一种尊重和亲切，

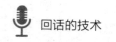

有利于你们的关系进一步发展。

（3）感谢式收尾。

感谢式收尾是一种礼节性较强的收尾方式，基本特征是讲一些客气话，以这种方式结束谈话应用非常广泛，无论是上下级之间，还是左邻右舍，都是比较适宜的。

例如，"听君一席话，胜读十年书。""谢谢你的建议，我会认真考虑的。""能和您交谈得这么愉快，我真的很高兴。""谢谢你陪我度过一个愉快的周末。"

（4）祝愿式收尾。

祝愿式收尾不但礼节性较强，还有很大的鼓动力。例如，"再见，祝你一帆风顺！""让我们一起努力吧，为公司发展贡献自己的力量！""你一定能成功，一定能实现你的目标。"

（5）邀请式收尾。

用邀请式回话来收尾，能表达出你的热情礼貌。例如，"如果你下次来北京，一定要告诉我，到时候再来我家做客。""今天我们就谈到这里吧，以后有时间来我家玩吧。""下次有机会，我们一起去桂林旅游啊！"在社交场合，用邀请式回话作为结尾是必不可少的，这是建立友谊的良好表示，有助于赢得他人的认同和好感。

第二章

真诚回话，尊重对方

坦然告知，别不懂装懂

有不了解的话题出现时，你是否曾经不懂装懂？特别是自尊心较强的人，往往会认为"不懂很羞耻"。反观善于沟通的人，他们不会刻意隐藏自己听不懂的事实，反而会坦白表明自己"不知道""不明白"。

甲乙两人第一次吃到咸鸡蛋，甲惊讶地说："奇怪，我每次吃鸡蛋都是淡的，为什么这种鸡蛋是咸的呢？"

乙回答说："这还不懂啊，亏你遇到我了，我告诉你，这咸鸡蛋就是公鸡生出来的。"

甲不解地问："公鸡还会下蛋吗？"

乙说："这就不懂了吧，这可不是一般的公鸡，而是经过变性手术后的公鸡。人类有人妖，鸡类也有'鸡妖'。"

就这样，甲被乙忽悠了。

生活中，像乙一样的人并不少，他们在面对自己不懂的问题时，不是坦然承认自己的无知，而是硬着头皮回答；回答错了还不承认，他们以为这样可以"忽悠"别人，殊不知，却让自己成为笑话。

有个北方人来到南方做生意，刚到南方时，对很多新事物不了解，如果虚心请教，也很容易弄懂。可这位先生就是不愿意承认自己无知，宁愿不懂装懂，结果闹出了很多笑话。

有一次，一位生意场上的朋友请他吃饭，大家聊得很开心，这时朋友的妻子端上来一盘菱角。主人一再请他先尝，他没吃过菱角，又碍于面子不愿承认自己不会吃，就拿起一只菱角直接放到嘴里。主人见他连壳儿都吃了，好奇地问："这菱角是剥皮吃的，你怎么整个放到嘴里嚼呢？"他明知自己错了，还一本正经地说："刚到南方来，水土不服，我把壳吃下去是为了清热解火。"

主人很诧异，说："我一个本地人，从来没听说过这种吃法呢。你们北方常吃这个吗？"

商人答道："常吃嘛，我们那儿这个多得很，漫山遍野都是！"

主人听了，不禁哑然失笑。

还有一次，商人和一位朋友逛街，走到菜市场看见有人在卖良姜。商人没见过良姜是怎么生长的，就问："这东西一棵树上一年能结多少斤？"

卖良姜的人听完就笑了，他友好地提醒道："良姜是长在土里的，不是结在树上的。"

商人却争辩道："你们真是笨啊，良姜明明是长在树上的，我怎么会不知道呢？我们家附近就有一棵良姜树，不信我们现

在就去看！"

朋友知道他又是死要面子硬撑呢，便解围道："他这么见多识广的人，怎么会不知道良姜是长在土里的呢？他不过是在逗你们玩呢！"

听了朋友的话，商人的脸红了。

遇到自己不明白的问题，明明是一无所知，却要装出很内行的样子，这是第一错；错了之后，被人指出了，还死活不承认，嘴硬与人争辩，这是第二错。这种死要面子的固执，不但会让自己成为笑柄，还会在无形中误导别人，真是害人害己。

古希腊大哲学家苏格拉底说过："我唯一知道的就是我无知。"这充分表现了他的谦虚以及敢于承认自己无知的勇气。中国古代大教育家孔子也具备这样的品质，他曾说过："知之为知之，不知为不知。"就是说，教诲学生面对不懂的问题要虚心请教。

办公室里，阿荣跟同事在讨论着最近的一个项目："那家公司那样做实在糟糕，那根本就是offside。"

同事不解："啊？ Offside？那是什么意思？"

阿荣见同事不懂，马上为他解释了一番："哦……足球你有在看吗？指的是足球的越位。简单来说，就是埋伏在对方球门前准备接球的违规行为。"

同事这才恍然大悟："足球里有这种规则啊！我还是第一次听到哦！"

思想灵活的人不会刻板地认为说了"不知道"会令自己显得没用，反而会觉得这是"学得新知的大好机会"。如果勉强假装自己很懂地说"他们要那么做了，就真的是 offside 了"，接下来只得继续编织谎话。如此非但不是一个健全的聊天者，还会被人贴上"不懂装懂"的标签。

人无完人，知识再怎么渊博的人，也会遇到自己不懂的问题。面对不懂的问题，与其不懂装懂、故作高深、口若悬河，不如坦然地告知对方："真的很抱歉，这个问题我不懂，没法回答你。"如有必要，可以简单地解释一下理由："我从未接触过这方面的事情，对这个问题一点了解都没有。"并强调，"如果有必要，我回去调查之后再回答你。"

有时候，我们没听懂别人的问题，并非我们不了解这个问题，而是因为没有听明白、听清楚对方在说什么。在这种情况下，我们切不可想当然地理解，想当然地作答。明智的做法是，再问对方一遍："刚才你说什么？我没听懂，麻烦你再说一遍好吗？"如果对方再问一遍之后，你理解了对方的意思，能回答出来，那么就可以礼貌地回答。如果对方再问一遍之后，你发现对方的问题确实是你不懂的，那么你不妨坦诚地说："对不起，这个问题我不了解，没办法回答。"

有些问题并非完全懂，或完全不懂，也许我们只是略有了解，在这种情况下，我们在回话时不妨表现得谦虚一点，在表达自己观点的时候，尽量少用肯定性的话语，多用模糊性的用词，

比如"可能""大概""也许""我想"，等等，而不是说"肯定""一定""绝对是这样"，等等，用这些词表达观点时，一旦观点有所偏差，就是错误，不利于赢得别人认同。而在说出自己的想法之后，最好用探讨的口吻询问对方的意见："不知道你对这个问题是怎么看的？"给别人一个发表意见的机会，听取别人的想法。

　　承认自己的无知并不是可耻的，可耻的是明明不懂，却假装很懂。在向别人承认自己不懂之后，你最好立即请教对方："真的很抱歉，这个问题我不懂，我能不能向你请教？"这表明你有学习的心态。因此，当你听见对话里不明白的词语，大可坦率表明自己不了解之处。大多数人在教他人事情时会感到快乐。事实上，很多谈话都是通过一个直率的提问开启的。

谦虚谨慎，擅长也低调

　　遇到自己擅长的问题不是求之不得吗？正好可以好好表现一下，把自己擅长的告诉别人。

　　有一个人去非洲旅行，晚上住旅店，就和旅店老板聊起来了。这家旅店的老板有两个老婆，一个很丑，一个很漂亮。这个人赞美旅店老板的老婆，并问旅店老板："你更喜欢哪个老婆？"

　　老板说："我爱丑的那个，讨厌那个漂亮的。"

　　"怎么回事？爱美之心人皆有之，你怎么爱丑不爱美呢？"这个人问道。

　　"因为那个美的太炫耀她的美了，这使她变得很丑；而那个丑的意识到自己丑，表现得十分谦虚、低调，这使她变得很美。"老板说。

　　看了这个故事，你是否意识到：面对自己擅长的问题，并不是什么好事呢？因为一不小心，你就可能表现得过于自信，甚至是骄傲。人一旦骄傲起来，就容易飘飘然，就容易忘乎所以，容易忘记别人的问题，可能回答"跑题"，超出他人接受的范围。

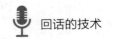

最后甚至惹怒别人，这就叫聪明反被聪明误。在这方面，三国时期的杨修就是一个典型。

杨修有才，众人皆知，就连曹操也承认。曹操是何等心高气傲之人，能对杨修赞赏有加，足见杨修并非徒有虚名。但是杨修这个人最大的缺点，就是才高气傲、目空一切。一般人对他的卖弄并不在意，但是曹操却十分在意，因为杨修把曹操的心理揣摩得十分透彻，而且经常当众揭穿。

有一天，曹操带着随从去参观正在修建的一个园子。参观之后，曹操没有夸奖和批评，而是叫人取来一支笔，而后随手在大门上写了一个"活"字，然后就回去了。大家看着"活"字，都不明白是什么意思。杨修见状，就对工匠们说："门里一个'活'字，不就是个'阔'字嘛。丞相的意思是这门'阔'了，赶紧改小一点吧！"工匠们于是重新建造了园门。完工后再请曹操去观看。曹操看后很是喜欢，问旁边的人："是谁知道了我的意思？"下人回答说："是杨修！"曹操虽表面上称好，但心底却很嫉妒。

还有一次，曹操率军与刘备对峙，意欲进攻，却被马超拒守，想要退兵，又怕被蜀军笑话，心中犹豫不决，正碰上厨师进鸡汤。曹操见碗中有鸡肋，因而有感于怀。正沉吟间，夏侯惇入帐，询问夜间口号。曹操随口答道："鸡肋！鸡肋！"夏侯惇传令众官，都称"鸡肋！"

行军主簿杨修，见传"鸡肋"二字，便让随行士兵收拾行装，准备撤兵。有人报告给夏侯惇。夏侯惇大吃一惊，于是请杨修至帐中问道："您为何收拾行装？"杨修说："从今夜的号令来看，便可以知道魏王不久便要退兵回都。鸡肋，吃起来没有肉，丢了又可惜。如今进兵不能胜利，退兵让人耻笑，在这里没有益处，不如早日回去，来日魏王必然班师还朝。因此先行收拾行装，免得临到走时慌乱。"夏侯惇说："先生真是明白魏王的心思啊！"然后也收拾行装。于是军营中的诸位将领，没有不准备回朝的。

当天晚上，曹操心顾意乱，不能安稳入睡，因此便手提钢斧，绕着军营独自行走，忽然看见夏侯惇营内的士兵都各自在准备行装。曹操大惊，急忙回营帐中召夏侯惇问其原因。惇回答说："主簿杨德祖事先知道大王想要回去的意思了。"曹操把杨修叫去问原因，杨修用鸡肋的含义回答。曹操大怒地说："你怎么敢乱造谣言，乱我军心！"便叫刀斧手将杨修推出去斩了，将他的头颅挂于辕门之外。

不可否认的是，杨修确实有才，但是却太爱出风头，太过于高调，不懂得收敛，也不懂得谦虚，处处表现得比他的"领导"曹操都要聪明。可这样一来，曹操面对手下时，就难免会失掉威信，从而难以服众，处于尴尬地位，这也是导致杨修被曹操嫉妒，甚至最后被曹操斩杀的原因。

因此，越是你擅长的问题，当别人向你询问的时候，你越要谦虚谨慎地回答。

我们所擅长的问题，一般可以分为两种，一种是被别人问

过很多遍的问题，一种是属于你本专业的问题。在回答前一种问题时，一定要注意态度，切不可因为被人问了很多次，就显得很不耐烦，说出"你连这个也不知道，唉……"。要知道，对方可能对这个问题一无所知，因此，你要耐心地回答他提出的问题。而对于后一种问题，你则要考虑到对方能听得懂多少，在回答时应该尽量做到通俗易懂，能打比方的就尽量打比方，能举例子的就尽量举例子，让对方更容易理解。切忌做出不懂收敛地大出风头的举动，以便给人留下张狂的不好印象。

工作中的回话需要真诚和简洁

只要你奔波于职场，上司的问题是最不能掉以轻心的。如果你在回话时的表现不能令人满意，不但会影响你的个人形象，还会影响到你的职位晋升。

有位职场白领说："我喜欢写邮件解答问题，因为写邮件的时候，我有时间去思考怎么表述，怎么用词，可以做到有理有据，甚至是幽默轻松。可是每周的市场通报会上，当众面对上司的提问，我的回答总是不能令人满意，往往发言完，心里又在一遍遍地组织语言，重新回答刚才的问题。如果让我再回答一遍，我一定能回答得更好。"

很显然，这位白领员工当众回答上司的提问时，心里肯定是紧张的。人在紧张的时候，就容易束手束脚，回答问题就难以做到轻松自如，自然会影响回话的质量。其实，面对上司的提问时，回话也是非常简单的。

方先生刚进公司时，由于学历高、办事利索，很快就从一名普通的员工晋升为研发部的主任，很受上司的器重。就在方

先生以为职业生涯一帆风顺时，他却做了一件傻事。

有一次，研发部制订出了一套新产品的方案，但是在研究配方用量上出了点差错，导致整个方案失败，浪费了公司大量的时间和财力。当公司高层追究责任时，方先生却说："这套工艺流程是在研发部经理(方先生的直接上司)的主持下完成的，其他人只是照章办事、各司其职。"

方先生说的话很快就被传到了他的上司那里。第二天，研发部经理把方先生叫到办公室，冷言冷语地说："方主任，出了问题你可推得真干净，把过错都往上司身上推，亏我多年以来对你那么照顾……"一席话听得方先生如梦方醒。没过多久，方先生莫名其妙地被免去了研发部主任的职位，调到了公司最不受重视的售后服务部门去了。

人们在工作上出现过错时，希望有人站出来维护自己的面子，替自己巧妙地补台，让自己不至于那么狼狈不堪。因此，不管是面对直接上司的提问，还是面对高层上司的提问，你都应该尽可能地照顾你上司的感受，切不可在回话中说出不利于上司的言语，否则，将会引起上司的不满。

有一家大公司招聘了一批职员，老板特意召开一次员工见面会，在会上，老板对大家说："大家彼此还不熟悉，这样，我每点一个名，本人站起来跟大家打个招呼。"当老板叫到"李桦"时，全场一片安静，没有人应答。他又叫了一遍，这时有个新人站起来怯生生地说："我叫李烨，不叫李桦。"听到新人的话后，老板的脸上顿时有些挂不住了。

就在全场安静中，一名员工站起来说道："报告经理，名单是我制作的，是我把这位同事的名字写错了，对不起！"老板顺势说了句："下次注意，别再出现这种错误了。"然后继续念了下去。

其实名单并不是这个员工做的，他也是一名新人，只不过他不忍看到老板难堪，才及时站出来回话，挽救了局面。

陷入难堪境地时，我们都希望有人立即站出来做出回应，帮自己走出尴尬的泥潭。上司当然也有这种心理，如果你能像那名员工那样，及时抓住机会，巧妙地针对上司的尴尬做出回应，那么肯定会赢得上司的好感。

在回答上司的问题，尤其是上司向你当面质询时，要特别注意简洁明确，挑最重要的说。尽量不要使用"好像""大概"这样的模糊性词语。遗憾的是，有些人几乎把这类词语当作了口头禅，上司问他："为什么货物还没有送到？"他回答："好像……应当是……前天已经和客户沟通过了，因为产品是在短时间赶出来的，所以大概比我们预期的时间晚一点……"如果老板默不作声，你千万不要以为他在认真听，很可能他心中对你的回答很不满，只是没有发作而已。

要做到回话简单明了，有两个技巧可以借鉴：一是尽量用短句；二是采取"总分"的方式回话，即先说结果再说过程。例如，"昨天我和客户沟通过。主要因为两个原因导致货物没有及时

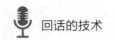

送到：一是样品的工期；二是确认样品的标准。工期只有一周时间，非常紧张，这是他们事先估计不足的……"

回话不仅要针对上司的提问，还应针对上司交给你办的事情。如果上司交代给你一件事，你从接手开始，到事情办完，这个过程中，你从不主动对上司做出回话，也就是不向上司汇报工作进展，那你很难让上司放心。如果最后你出色地完成了工作，那上司可能不会说你什么，万一工作过程中存在困难，最后导致工作完不成，那你就等着挨批吧！上司肯定会质问你："为什么不向我汇报工作？有困难不知道说吗？"

余世维是来自中国台湾的管理培训专家。有一次，上司交代给余世维一件事：去台湾东边的小岛上订四个房间，要求四个房间连在一起，而且必须是套房，还要面对太平洋。余世维打电话去问，两家饭店都说符合条件的房间被订完了。于是，余世维马上向上司汇报，得到的回复只有两个字："了解。"

接下来，余世维很幸运地找到了两间面对太平洋的套房，分别在两个饭店，于是他又汇报："现在找到两间，可惜不在同一个饭店，但我还在继续努力地找。"那边的回复仍然是两个字："了解。"几个小时后，余世维找到了在一个饭店里的三间，可还缺一间，于是他再次汇报……最后，余世维找到了符合要求的四个房间，其间他共向上司汇报七次，让上司十分满意。

及时地向上司汇报你的工作进展，让上司知道你的工作进行到了哪一步，遇到了什么困难，这样不仅有利于上司了解实际情况，还有利于得到上司的帮助，对工作的完成是十分有利的。

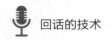

身体语言最诚实，见机而言

在与人交谈中，要随时察言观色，尽可能地捕捉对方内心的信息，随时把握对方的"兴趣点"，讲对方愿意听、愿意参与进来的话题，这样才能让谈话得以持续。沟通最忌讳的就是自顾自地说自己想说的，全然不顾对方是否愿意听。

柯先生是某公司的一名中层经理。有一次，老板告诉他，想把他调到外地担任分公司的总经理，让他负责该分公司的营销业务。这是一个不错的锻炼机会，待遇、职位各方面都比以前好，但是他的妻子不同意，因为她不想和丈夫分居两地。

面对老板的询问，柯先生犹豫不决。这天，老板又问他："你妻子同意你调到外地工作吗？"

柯先生回答说："这两天我正在努力做她的思想工作，请再给我一点时间。"

老板脸色一沉，不高兴地说："我都给你一个星期了，你怎么还没有说服你妻子呢！还要我给你时间！"

柯先生并没有注意老板的脸色，也没有从老板的话语中察觉老板的不满意，嬉皮笑脸地说："女人嘛，总是婆婆妈妈的，儿女情长也属于正常。你别着急嘛！"

老板什么也没说，就走开了。三天后，当柯先生准备找老板，告诉老板说他已经说服了妻子时，老板率先找他，对他说："鉴于你妻子不同意你到外地工作，公司决定不安排你去外地了。"

随即，老板把这个千载难逢的机会给了另一名中层管理者。这时柯先生十分懊恼，后悔没有早一点给老板确切的答复。

机会摆在面前，柯先生因为不懂得察言观色，随时调整回话，惹怒了老板，最后到手的机会溜走了。在这里，与其怪老板，不如怪柯先生自己。老板已经给了他机会，并且在他表示还需要时间说服妻子时，已经表现出了强烈的不悦，但是他没有察觉出来。如果他当时察觉出来，当即拍板表示可以去，或马上打电话跟妻子商量，然后回复老板，也许机会就是他的。

人的心理是复杂的，是较难把握的，但是只要你做有心人，注意观察别人的言行举止和身体语言，就能很好地了解别人的心理。例如，在交谈中，对方发出呵欠声，表明他对你的话不感兴趣；如果对方两眼注视，说明你的话吸引了他；如果对方左顾右盼，抓耳挠腮，说明他心里很着急，或许是有事要办，但由于不好意思说出来而焦虑不安。如果你能从对方的身体语言上察觉其内心的蛛丝马迹，及时做出令对方满意的回话，那么你就很容易赢得对方的好感。

大林是一名保险推销员。有一次，他去拜访一位大客户——

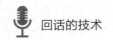

某公司的总经理黄先生。见面之后，大林先对自己公司的险种做了大概的说明，想让黄经理对保险有所了解。但是黄经理听了一会儿，就连连打哈欠，目光也转移开了。

大林知道黄经理对他的介绍不感兴趣，于是脑子里快速地转动着，想着找个黄经理愿意聊的话题。突然，他眼睛一扫，发现黄经理背后的书柜里放着一本《三国演义》，办公桌的案头也有一本《三国志》，于是大林眼前一亮，马上说："黄经理是不是对中国历史非常感兴趣，尤其是三国时期的啊？"

本来有些昏沉的黄先生听到大林跟他谈《三国演义》，一下子就来了精神，说："是啊，我对《三国演义》非常感兴趣，很喜欢看《易中天品三国》，从《三国演义》里可以学到很多做人做事的道理。"

大林顺势说："我也喜欢看《百家讲坛》的《易中天品三国》，但是我对《三国演义》研究不多，听不出他讲得好不好。不知道黄经理对易中天讲的曹操有什么看法，我觉得颠覆了以往人们对曹操的认识！"

黄经理马上被吸引过来了，饶有兴致地说："易中天讲的曹操是很符合客观历史的，以往我们对曹操的认识，主要是因为刘备这个人物形象的影响，易中天扶正了曹操的形象，曹操这个人很了不起……"

谈话结束的时候，大林已经拿下了这一单生意，并且还和黄经理成了朋友。

在谈话中，我们不光要用嘴巴讲话，还要用眼睛看人、看肢体语言，随时了解对方的情绪变化。对方高兴时，继续你所讲的话题；对方面无表情时，调整一下话题；对方焦虑不安时，主动问候一声："你怎么了？是不是有事？"总之，要表现得善解人意，才会受人欢迎。

察言观色，首先要"察言"，即思考别人语言的含义，同样一句话，用不同的语调、语速、语气、表情说出来，所流露出来的言外之意是不同的。这就是我们常说的"弦外之音"。听人说话，不能忽视他的"弦外之音"。很多时候，弦外之音内涵丰富。比如，有人对你说："哟，你真了不起！"表情流露出不屑，言语带有戏谑之情。你可别天真地以为他真的在赞美你，他的语气表明了是在讽刺你，与他说的意思完全相反。如果你听不懂别人的弦外之音，那往往就容易闹笑话，被人说成是"没有自知之明"。

其次，表情是一个人心情的晴雨表，表情上呈现出来的，往往是心里的真实想法。狄德罗曾经说过，一个人"心灵的每一个活动都表现在他的脸上，刻画得很清晰、很明显"。通过对表情的观察，可以很好地把握对方的想法。比如，当对方皱起眉头，嘴角下撇时，表明其内心不愉快，你再根据对他心情的判断，调整你的回话内容，从而确保你说的是对方想听的。

除了语言和表情，几乎每一种身体姿态，都是一种特殊的语言，都在表达着一个人的内心世界。关键在于，你要看得懂

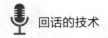

不同人的身体姿态，领会它们内在的含义。比如，与你谈话的人双脚并立，双臂交叉在胸前时，表明他对你怀有某种敌意，他的身体姿态是一种自我防卫的姿态；又比如，当对方不仅双臂交叉，而且双手握拳时，表明他不只是自卫，还有发动进攻的意图；再比如，如果对方双手摊开，身体向你略微倾斜，表明他对你很坦率，对你没有提防之心。

第三章
巧妙回话，婉拒对方

回避刁难问题，避免难堪

直接回答刁钻的问题，只会让自己落入他人的圈套。遇到他人的刁难或自己不想回答的问题时，可以转移问题的重点，回避对方的刁难。

与人交流时，难免会遇到一些刁钻问题，他们可能是无心的，也可能是有意让我们难堪。遇到这类问题时，不可直接回答，可以运用一些说话技巧，巧妙地回避对方要问的问题。

第二次世界大战时期，美国在日本的广岛和长崎投下了两颗原子弹，让世界各国人民看到了原子弹的威力。

当时，不只美国掌握原子弹技术，苏联也同样掌握原子弹技术。因此，国际社会非常关注苏联拥有的原子弹技术，尤其是美国媒体，更想弄清楚苏联究竟拥有多少颗原子弹。一时间，苏联到底有多少颗原子弹成为美国媒体热议的焦点话题。

一次，时任苏联外交部部长的莫洛托夫前往美国访问，美国记者迫不及待地问："请问部长先生，苏联现在拥有多少颗原子弹？"很显然，这是一个涉及国家机密的问题，不能在公开场合随便公布答案。莫洛托夫明显有些不高兴，但是为了防止其他记者一直在这个问题上纠缠他，他给了一个很模糊的答案："足够！"

美国记者听到莫洛托夫的回答后，虽然不满意于他的答案，但是也清楚了他的立场，于是不再继续纠缠。

遇到刁钻的问题，苏联外交部部长用"足够"这个模糊的答案，既保守了国家机密，又彰显了苏联强盛的国力和精良的武器装备。

所以，当我们遇到他人的刁难或自己不想回答的问题时，一定要冷静分析，做到处变不惊。这样既可以避开他人的正面攻击，做到全身而退，又可以发起反击，让对方知难而退。

美国上将巴顿将军曾说，在战争中，反击是最好的应对方式。其实，回话也是如此，应对他人的刁难时，不能一味地退让，而是要学会反击，让对方自顾不暇。不过，许多人往往不知所措，有时甚至会因为一时的恼怒而说出不得体的气话，既有损自己的颜面，又无助于解决问题。遇到这种情况时，不妨冷静处理，机智地予以反击。

一位想购买汽车的客户，提出了一个刁钻的问题："你们的车子空间很大，钢板也非常厚，所以肯定特别费油吧？"

销售员回答说："您这么问，我该怎么回答呢？这么说吧！其实汽车油耗高低的影响因素是多方面的，既与车子自身的重量有关，也与驾驶员平时的驾驶习惯有关。所以我建议您驾驶

时不要总是急加速、急刹车，保持良好的开车习惯，这样油耗就高不到哪里去。难道您平时的开车习惯不太好？"

客户沉默片刻，又提了一个刁钻的问题："我突然觉得这款车子的内饰做工太粗糙了，你觉得它的内饰粗糙吗？"

销售员回答说："您平时穿西服多还是穿休闲服多呢？"

客户说："肯定穿休闲服多一些，为什么这样问呢？"

销售回答说："是这样的，我们这款车的定位是爱好运动的人，其理念是充分享受纯粹的驾驶乐趣。作为一款运动型的豪华轿车，它强调的是驾驶和运动，所以和其他注重商务诉求的车型不太一样。试想，如果把它的内饰做得像商务车那样，您是不是觉得非常不搭调呢？"

最终，销售员成功说服客户订了一辆车子。

案例中的客户用"肯定特别费油吧""你觉得它的内饰粗糙吗"这两个刁钻的问题试探销售员，却被销售员用"回避式作答法"——化解。试想，如果销售员直接回答客户提出的问题，说"油耗不高""内饰不粗糙"，无疑是在欺骗客户；而如果说"油耗高""内饰粗糙"，又无疑是在把客户往外推。

生活中，当你遇到别人提出的刁钻问题时，你不妨采取同样的方法来应对：无须直接回答，因为这样只会落入别人的圈套，不如采用"回避"的作答方式化解对方的锋芒，用自己的机智对抗他们。

总之，遇到不好回答又不得不回答的问题时，一旦失言，就会搞得一团糟，导致无法收场。所以遇到这种情况时，一定要保持冷静，从中巧妙周旋，用模糊的回答应付对方。如果对方故意挑衅，可以适当反击，打击对方的嚣张气焰，维护自己的正当权益。

用外交辞令打打 "官腔"

在一些重要场合，国与国之间交往一般会使用外交辞令。它的特点是，说话往往只说一半，或者使用各种托词。

在日常生活中，难免会遇到自己不想答或者不方便在公众场合回答的问题，如果当面拒绝会很没礼貌，而且显得自己缺乏教养。此时，如果采用模糊应对的技巧，既能礼貌答复，也不会给沟通造成障碍。

2014 年 6 月，李克强总理到英国进行访问，当时正值英国就苏格兰独立问题进行公投。

在记者招待会上，有位英国记者就这一事件开门见山地问李克强总理："请问李总理，您是支持苏格兰继续留在联合王国呢，还是赞成它成为一个独立的国家？"

李克强总理想了一下，说道："我尊重英国人民的选择，也希望贵国能够继续保持繁荣和稳定！"李克强总理巧妙的回答赢得了台下一片掌声。

在那样的环境下，李克强总理无论说支持哪一方，都不太合适。所以，李克强总理采取扩大概念的方式，表示尊重英国人民的选择。也就是说，不管哪一方，在公投前都属于英国人民，结果如何，都是英国人民的选择。李克强总理的这种回答方式，既表达了自己的立场——尊重英国人民的选择，也合乎外交礼仪的规范，可谓恰到好处。对于一些不好回答的问题，不妨扩大外延，制造模糊的概念，往往可以避开问题核心，又不失礼节。

刘昌毅将军是许世友的下属，打仗勇猛，酒量更是过人。在中国对越南的边境自卫反击战前夕，他被许世友叫过去，心里面已经在揣摩着可能要去前线打仗了。见面后，许世友啥也没说，直接拿出三瓶茅台，问他敢不敢喝。

刘昌毅还没搞明白怎么回事，大声地说："当兵的从来没有敢不敢，只有该不该。硬仗我已经打的不计其数了，死都不怕，还怕喝酒吗？我连命都可以舍掉，还会舍不掉酒吗？"

听完刘昌毅这段慷慨激昂的陈词，许世友大笑着拍了拍他的肩膀，说道："我是怕你年龄大了，没了锐气，现在看来，你还是从前的刘昌毅。我马上要上前线了，你来给我当副司令吧！"

一开始，刘昌毅不明白许世友拿酒的意图：如果是用酒来测他的锐气，那么不喝显然不妥；如果是想看他是否贪杯，那么喝了肯定坏事。刘昌毅没有给出明确概念，而是模棱两可地把"敢不敢"的问题转化为"该不该"，既表达了自己的决心，也赢得了许世友的认可。有时候，拿不准对方的意图，就要模

糊应对，为自己留余地。

贵为世界级的豪门望族——罗斯柴尔德家族以低调、神秘著称。一次，第六代掌门人大卫·罗斯柴尔德接受独家专访，主持人问他："有人说，罗斯柴尔德家族依靠累积的威望和声誉，只和政府做大生意，你认为这样说准确吗？"

大卫笑着说："我们家族确实有一个祖训——一定要和国王一起散步。不过，现在国家都不再是国王的了，对吗？"主持人听后，觉察到对方不想谈这个话题，就转向了另外一个话题。

面对主持人的问题，大卫如果说"是"，那么肯定会让外人觉得他们家族攀附权贵；如果说"不是"，一时半会儿又无法扭转人们的固有印象，反而会激起更大的讨论。他很明智地用一句模棱两可的话作为回复：确实有祖训，但时代变迁，今非昔比了。貌似回答了问题，但对方并没有得到想要的答案。当面对不好回答的问题时，把肯定的话和否定的话都说一点，但也不说透，会给对方一种似是而非的感觉，从而给出到此为止的暗示。

如果我们所说的话涉及原则问题，就应该严肃一点，态度明确一点。如果不涉及原则，只是社交礼仪上的需要，就要避免正面回答所造成的尴尬或者拒绝回答带来的难堪。当然，这种模糊应对的方法也要看时机、分场合，该用则用，不该用则弃，否则用得太多，势必会给人一种不真诚的印象。

一名娱乐报刊记者为了采访某明星，首先打电话给他的经纪人。

经纪人接通电话后，耐心地听完了记者的解释，明白了他的采访意图。但是按照规定，该明星接受采访前必须经过他本人的同意，所以经纪人无法应允记者的请求。

无奈，经纪人只好答复记者："抱歉，这位记者朋友，我很理解您的工作，不过他现在正在度假，而且除非他主动联系我，否则连我也不知道他的去向。所以，我不得不向您表示非常的遗憾，恐怕他暂时没法接受您的采访。"

这名娱乐报刊记者不依不饶地说："既然如此，不采访他也行，您只需要替他回答我一个问题。我想问的是，据说他近期有结婚计划，不知是真是假？"

经纪人回答说："我很想给您一个明确的答复，但是这属于个人隐私，而且我的回答没有说服力，所以恐怕只有他本人才能给您一个明确的答复。不妨让我们拭目以待吧，事实总是比传言更有说服力，不是吗？"

在生活中和职场上，当你暂时无法回答"是"或"不是"时，可以说一些搪塞话，模糊界定"是"和"不是"，比如，可以说"天知道""这个嘛……暂时不好说""等等看吧，事实会告诉你的"。职场上有很多人因为不懂得使用外交辞令拒绝法，拒绝他人的方式不对，最后吃尽了苦头。尤其是和领导相处，不懂得如何拒绝自己的领导，伤了领导的面子，最后很可能断送了自己的职场前途。

　　使用外交辞令拒绝法的优点在于，不至于让对方太尴尬或太失望，又为自己争取到回旋的余地。相比直接拒绝，运用外交辞令拒绝法，既能起到不错的效果，又不至于伤了彼此的和气。

　　拒绝的话不能轻易说出口，因为有很多忌讳。不懂得拒绝方法的人，很可能因为一两次拒绝就得罪了相交多年的朋友，断送了两个人的友谊；而善于拒绝他人的人，虽然经常拒绝他人，可是却从来不会招来埋怨。

未卜先知，预判麻烦事

　　最近，购物群里很热闹，原来天猫超市搞了个"吾折天"活动，每个周五下午南京、北京、上海、杭州等城市都有 1000 个五折名额，限时抢购。为此，购物群里一到周五下午就人声鼎沸，大家都在为"吾折天"活动摩拳擦掌。不过，这个活动每个账户只能参加一次，因而很多生活在热点大城市，诸如北京、上海的人，都很难抢到名额。但是对于一些城市，诸如天津、南京，难度就小多了。这不，顿然刚刚抢购了一单寄到天津老家去，因为抢得顺利，所以她又琢磨着再找个在北京不好抢购的账户，替她再下一单到天津去。平日里，顿然和娃娃关系比较好，因而她特意找到娃娃，问："娃娃，你准备在下周五抢购'吾折天'吗？"娃娃说："北京很难抢啊，不过我还是想试试。毕竟五折呢，还是很诱人的。而且，我觉得我一定能抢上，因为我们单位的网特别好。"

　　听了娃娃的语气，顿然不再说什么了。原本，顿然是想让娃娃帮她把订单下到天津的。但是既然娃娃信心满满，而且认

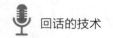

为自己一定能抢购成功，她也就不好再说什么了。毕竟，每个账户的机会只有一次，也不好轻易提出这种不情之请。

在这个事例中，娃娃的预判，成功地把顿然的不情之请挡在了门外。毕竟，5折的吸引力还是很大的。而且，毕竟还有好几次实现的机会，谁也不愿意轻易放弃。娃娃说话是很聪明的，毕竟面对平日里交好的人，如果等到对方提出请求再拒绝，总是显得有那么点儿别扭。但是这样的预判则很好地避免了尴尬的情况，也委婉地阻止了对方说出不情之请。这与截话有着异曲同工之妙，唯一不同在于，截话往往是诉说自己的难处，从而让对方不再说出不情之请；而预判呢，则是对未来即将发生的事情有一个预估，从而使他人也做到心中有数，再确定是否把自己的请求说出来。

虽然我们在很小的时候就听过"孔融让梨"的故事，也一直在接受分享教育，不管是父母还是老师，都告诉我们每当有了好东西，都要与人分享。然而，我们真的无法做到在任何情况下都与他人分享。实际上，人的本性是自私的，再加上凡事都要讲究度，就更要求我们要在力所能及的情况下帮助他人，也要根据自身的情况和自己的实力，千万不要不自量力就承诺给予他人帮助。否则，最终非但耽误了他人的要紧事，还会导致自己陷入被动，最终付出了很多却因为结果不够完美而受到埋怨。为了避免这种情况出现，我们必须学会拒绝。预判的方法，很好地帮助我们表明了心意，从而有效地把麻烦挡在门外。

这样一来，我们不但避免了拒绝他人的尴尬，也能使他人免于张口请求之后被拒绝的难堪。

在对方完全展开话题之前，你如果意识到这个话题是你不想谈的，你可以马上抢话，另起话题，不时地向对方征求意见，让他为自己指点迷津，而且态度要极为诚恳，不给对方喘息的机会。这样你们聊了一会儿，对方基本上就忘记之前想说的话题了。

例如，女朋友问你："我穿这条裤子看起来很胖吗？"你知道这个问题怎么回答都不好，于是马上说："昨天买裤子了是吗？在哪儿买的？怎么不给我买一条呢？这裤子看起来不错啊，穿着去外面旅游很舒适的。你最近想去哪儿旅游呢？"如此一连串的提问，根本不给对方追问你的机会。

赵茜和吴森经常在一起工作，一来二去的，吴森渐渐地对赵茜产生了爱慕之情，想追求她。赵茜已经隐隐感觉到吴森的爱慕之情，但是她对吴森没有任何感觉，所以想拒绝他的示爱。

一天，吴森鼓足勇气对赵茜说："有个事我想对你说，但是一直没有勇气……"

赵茜听到后非常紧张。

吴森接着说：'我想问一下你，你是不是喜欢……"

赵茜连忙打断他："你请我看的那场电影吗？我很喜欢呀！很久没看过这种大片了，记得上次看还是夏天呢，现在都冬天了。"

吴森以为赵茜没有理解自己的意思，又问："你觉得我这个人怎么样？"

赵茜回答说："你这个人诚实、孝顺、工作认真，挺不错的，不然我能跟你做朋友吗？"

听了这句话，吴森似乎察觉到赵茜的拒绝之意，可是仍不甘心，于是问："周末你有时间吗？我请你吃西餐。"

赵茜回答说："提起西餐，我就想到我的那个吃货男友，别人点牛排一般都是七分熟，那个吃货硬要点一分熟。牛排带着血就端上来了，我正准备看他的笑话，没想到他吃得有滋有味的。"

话已经说到这个程度了，吴森终于明白赵茜的意思，只好打消告白的念头。好在他没有挑明，后来二人相处时也不会觉得尴尬。

转移话题时，务必讲究时机和技巧，巧妙地堵住对方的嘴，把自己的话插入到"正题"中去。假如你根本没听明白对方的话，就不可胡乱打断他，否则就是对他的不尊重。唯有合理地帮助他人，恰到好处地拒绝他人，才能让我们尽享自由的生活。在诸多的拒绝方式中，每种方式都有优点和缺点，因而，我们必须了解这些拒绝的技巧，从而在了解拒绝对象的基础上选择最合适的拒绝方法，做到合理拒绝、友好拒绝。

让拒绝在糊涂中发挥威力

毫不犹豫地拒绝他人，很容易得罪人。不如在回话的时候装装糊涂，让拒绝在装糊涂中发挥威力。

在生活中，处处可见揣着明白装糊涂的人。其实，这种人不仅不糊涂反而很聪明，他们达观、洒脱、成熟，处处显现出人情的练达。著名诗人李白写过一句诗，叫"大贤虎变愚不测，当年颇似寻常人"，揭示了装糊涂的处世哲学。

装糊涂是一种行之有效的拒绝方法，不过，在具体应用的过程中，一定要把握好度。不糊涂会让人觉得难以相处，太糊涂会让人觉得缺乏主见，只有恰到好处的糊涂才能编织出良好的人际关系。

有一家网络公司，由于业务繁忙，公司人手不够，所以加班已经是家常便饭了。一天，大家已经持续加班三个小时，都想早点回家休息，可是还有一点扫尾工作需要有个人继续加班处理。

总经理在办公室询问："今天晚上需要有个人辛苦一下，

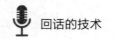

大家下班后必须有一个人继续留下来加班，谁愿意？"大家你看看我，我看看你，没有一个人响应。

看到大家的积极性不高，总经理气得火冒三丈，开始教训人："公司现在正是困难时期，加班多一些，需要每一位员工配合。如果工作积极性不高，以后公司怎么能放心把重要的项目交给你们？"

紧接着，总经理问新来的员工小雪："我说得对吗，小雪？"

小雪知道这是烫手的山芋，说不对吧，会得罪总经理，说对吧，会得罪其他的同事，所以装糊涂说："啊？您说什么？真不好意思，总经理，我刚才没听清楚您说的话。这两天也不知道怎么了，耳朵总是听不太清，时好时坏的。"

总经理无可奈何地苦笑了一声，对小雪说了一声"没事"，又问新来的员工小何："你说一下，小何，我刚才说得对吗？"

小何无奈地说："对，对，您说的话很对。"其他同事听到小何的话后，虽然表面上没说什么，但是都在心中埋怨他。当然，这加班的最终人选也理所当然地成了小何。

上司提出一些难以回答的问题或不好拒绝的请求时，如何拒绝直接体现出下属情商的高低。机智的下属，懂得挑选适当的时候装糊涂，懂得如何装糊涂巧妙拒绝他人。

生活中受人欢迎的人为人和善，懂得装糊涂的学问。他们有自己的原则，不卑不亢，涉及自己底线的事情，不失强硬，却非常有技巧，既不对违背自己意愿的事妥协，又圆融地处理了人际关系。如果你也懂得运用这门艺术，你就会成为一个高情商的人。

拒绝他人也要顾全对方颜面

　　佳宝进入公司已经好几年了，工作上一直勤勤恳恳、兢兢业业，深得领导喜爱。不管有什么大事小情，上司总是第一时间找佳宝，似乎只要把事情交给了佳宝，就算进了保险箱。

　　如此时间长了，佳宝越来越忙碌，甚至根本没有空闲的时间。而看看其他同事，有的时候手里的活儿忙完了，还有时间发发呆，在网上看看花边新闻，但是工资和佳宝的工资相差无几。佳宝所得到的，也只不过是上司有时候的口头表扬而已。

　　眼看着有几个和自己差不多时间进入公司的同事，都已经成为部门的小主管，或者升任外地分公司的主管、经理等职务，佳宝扪心自问：我并不比他们差，为什么始终得不到晋升呢？

　　后来，佳宝好不容易才从一个昔日的同事、如今其他部门的张主管口中得知，公司高层领导早就想要提拔佳宝，但是佳宝的顶头上司却总是以"佳宝办事能力很强，但是管理能力还有所欠缺"为由委婉拒绝。

　　实际上，张主管告诉佳宝："哪个上司不想手下有个能干的、值得托付的人呢！如果说你得不到晋升有什么理由，那就是你太能干了，你的上司不想放你走，他去哪里还能找到这么勤奋踏实、任劳任怨的人呢？"

佳宝恍然大悟。他决定改变自己，不再任由上司调遣，这样也许能够找到一条晋升之路呢！

当天快下班时，上司又拿着一摞厚厚的文件来找佳宝，说是需要当晚赶出来。佳宝不假思索地说："实在对不起，领导。我今天不能加班，我妈从老家来看我，找不到路，我必须去接她。而且她给我带来了冬天的衣服被褥什么的，特别重，她也拎不动。"

听到佳宝的话，上司马上说："哦，那你赶紧下班吧，提前一会儿也行，我再安排别人。"

就这样，佳宝以要去车站接妈妈为由，委婉地拒绝了上司的加班要求，并且显得理所当然，也没有让上司面子上难看。不过，等到上司下一次再提出这种不情之请时，佳宝又该如何应对呢？这是必须认真考虑和慎重对待的问题。

虽然拒绝了上司的加班要求，但是佳宝总算给出了一个合理的理由，并没有明显地驳上司的面子。在这种情况下，上司如果毫无觉察，则下次肯定还会继续给佳宝分配多余的工作，因而佳宝此次拒绝只能算作权宜之计，他必须想出更加合理和长久的理由，才能真正站得住脚。否则，等到被上司意识到佳宝是在欺骗他，他非但不能寻找到晋升之路，也许会弄巧成拙。

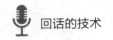

因而，我们在拒绝他人时，一定要搭好台阶给对方下，这样才能既合理拒绝，又顾全对方颜面，让对方感觉到你的心意。

人生在世，难免有求人帮忙的时候，也难免会被别人求助。当别人的求助超出我们的能力范围，使我们感到为难时，我们必须回绝对方。在这种情况下，一旦拒绝不当，就会伤害彼此的情谊，甚至为此失去朋友。只有找到委婉的拒绝方式，而且在拒绝他人时给他人搭好台阶，才能最大限度地避免伤害他人的颜面和与彼此的友情。

其实，每个人在向他人提出请求时，心里已经想好了有可能被拒绝的后果。因此，我们在拒绝他人之前，首先应该认真倾听他人的诉求，这样才能做到委婉，才能尽可能顾全他人颜面。当我们真诚地说出充分理由时，对方即使被拒绝，也会感受到你的确心有余而力不足，或者是真的有难言之隐，因而选择理解和体谅你。需要注意的是，千万不要随便找理由搪塞他人，他们很可能会察觉到你内心的真实状态。因而，找台阶必须用心，才能达到预期的效果。

旁敲侧击暗示对方

有时，试图拒绝对方时，我们有话不能直说，而应采用旁敲侧击的方法，用隐晦、含蓄的语言巧妙暗示对方，这样才能更好地达到自己的目的。

很多性格直率的人都很疑惑："我直言不讳，不能接受就直接拒绝，从不撒谎骗人，可是为什么最后反而得罪了不少人？"有时候，直言不讳是能给人留下一个好印象，让人觉得你这个人很真诚、热心。可是，很多时候，直接拒绝对方不仅会伤害到对方，还不利于解决问题。因此，与其直言不讳，不如学会巧妙暗示。

有一天，著名舞蹈家邓肯写信给大名鼎鼎的爱尔兰剧作家萧伯纳，并且在信中表白："假如我们结合，一定会生出一个非常聪明、漂亮的孩子。他会有着和你一样充满智慧的头脑，还会有着我这样曼妙的身材，这件事情想想就让人无限憧憬！"萧伯纳看了信之后，觉得自己和邓肯并不合适，因而写了一封回信给邓肯，并且在心中委婉、幽默地回绝道："我很担心，

如果这个孩子的身材像我，而头脑像你，那岂不是太糟糕了吗？
我觉得，咱们还是不要这么冒险才好呢！"看了萧伯纳的回信，
邓肯当然领悟到其中拒绝的意思。不过，她丝毫不憎恨萧伯纳，
反而成了萧伯纳忠心耿耿的追随者。每当萧伯纳有剧作要上演，
她都会前去剧院观看捧场。

对于邓肯真诚的求爱，萧伯纳如果拒绝方式不得当，很容
易就会伤害邓肯温柔、细腻的心。因而，他最终采取幽默的方式，
表达了自己对孩子未来的担心。如此一来，聪明的邓肯当然意
识到萧伯纳的拒绝之意，因而也就不再强求了，还与萧伯纳成
为好朋友。

作为意大利著名的音乐家，罗西尼出生于1792年2月29日。
这个特殊的日子每四年才有一次，因而罗西尼每四年才过一次
生日。等到他72岁的时候，也才过了第十八个生日。得知这个
盛大的日子即将到来，很多好朋友一起筹集资金，准备在他生
日的时候给他竖立一座雕像，以此纪念这个伟大音乐家的诞辰。
然而，当得知朋友们的好心之后，罗西尼很不赞同。显而易见，
如果直截了当地拒绝朋友们的好意，则肯定会使朋友们伤心。
因而，罗西尼急中生智，幽默地说："这么多钱浪费了多可惜啊，
要不这样吧，你们把钱给我，我亲自站在那里当雕像。"朋友
们听了罗西尼的话都哈哈大笑起来，也领悟到他的真心真意，
因而再也没有人提起竖立雕像的事情了。

年届古稀的罗西尼根本不同意朋友的好心好意，因而以心

疼钱为借口，开玩笑地说自己要站在那里当雕像，这当然是朋友们所不能接受的。就这样，在哈哈大笑之中，大家全都偃旗息鼓，再也不提这件无法得到罗西尼认可的事情。

越是熟悉的朋友或者亲人之间，因为彼此有感情的基础，所以拒绝就越要讲究技巧和方式；否则，我们在拒绝他人的同时，就会失去他人的情宜。只有恰到好处的拒绝方式，才能保全彼此的情谊，使对方虽然遭到拒绝，却依然与你是朋友，对你不离不弃。要想做到这一点，在拒绝他人时，我们首先也是必须考虑的，就是顾全他人的面子。在很多情况下，人们之所以一旦被拒绝，就终止友谊，就是因为觉得丢了面子。而暗示的方法恰恰能够很好地避免这种情况的发生，使对方既领会到你的意思，也不再旧事重提。如此一来，可谓皆大欢喜。

需要注意的是，语言的暗示贵在使人心领神会。如果过于含蓄，你虽然说完了，但是对方仍然不知所以，就无法达到拒绝的效果。与此相反，如果暗示太过直白，就无法起到保全对方颜面的作用，也会导致事与愿违。唯有把握好合适的度，才能既委婉曲折，又如愿以偿。当然，根据拒绝对象的不同，我们也要不停地调整这个度。如果你面对的是一个感情细腻、内心敏感的人，那么点到为止就好。如果你面对的是一个神经大条、大大咧咧的人，那么你最好还是把暗示说得明显一些；否则，无法起到预期的效果。任何与人打交道的事情，都要以人为本，从人出发，因人而异。

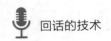

贬低自己的拒绝方式

　　王宇是一家国有企业的新进职员，每天手头都有做不完的工作。一是因为上司器重他，给他安排了很多工作；二是因为他热心肠，对于同事们的帮忙要求，他一般都会答应。一天下午，上司将王宇叫到自己的办公室，说有一份重要的工作要交给王宇去办。

　　上司说："王宇，对于你这半年来的表现，大家都有目共睹，的确是一棵值得公司好好栽培的好苗子。今天找你来，是因为公司最近接了一个大的项目，而且这个项目对我们公司非常重要，因此公司决定将这个项目托付给一个认真负责的人。你也知道，我们公司很多员工都有家室的拖累，目前只有你是单身一人，我与几个技术骨干商量后，都认为把这个项目交给你最合适。"

　　还没有了解项目的具体情况，王宇就赶紧表示拒绝。当然，对于上司的这番器重，他是不好意思直接拒绝的，因而他委婉地说："张总，我当然愿意为公司效犬马之劳。不过，这个项目如此重要，我真觉得力不从心。您也知道，我现在身兼数职，但一直做的是一些零碎的事情，根本与这种大项目搭不上边。虽然我不是应届大学毕业生，但是此前一直都在小公司工作，缺乏运作大项目的经验。要是您真的信任我，认为我能干好，非要求我上，那您就给我派几个技术骨干吧，我主要负责给他们跑跑腿。如果没有他们把关，我万一把项目搞砸了，那就太对不起您和诸位领导的栽培了。"

听到王宇的话，上司马上就明白了王宇的意思。他笑了笑，说："经验的确至关重要。这样吧，我再看看有没有更合适的人选。咱们再议，好吧！"

在这个事例中，上司对于勤奋的王宇，显然想把很多工作都交给他，这也是很多国企的显著弊端，即累死能干的，闲死偷懒的。但是等到真正分功劳的时候，还是要优先考虑那些老资格。虽然王宇不吝惜力气，但是一个人的时间和精力毕竟是有限的。尽管王宇是个单身汉，但是也有很多私人的事情需要花费时间处理。因而，对于上司无休止地把工作堆给他，他首先自我贬低，承认自己能力不足，也缺乏经验。接下来，他又变相地以自己要为技术骨干跑腿为由，看似是贬低自己，实则是在向上司要求升职。升职当然不会被同意啦。如此一来，上司也就不会再把项目分配给王宇了。

在职场上，同事关系是非常微妙的。尤其是上下级之间，更是牵一发而动全身。因而，我们要想在职场上受人欢迎，就

必须掌握好微妙的平衡，这样才能明哲保身，也不至于得罪他人。大家都知道，很多人一旦被拒绝，就会怀恨在心。但是这种贬低自己的拒绝方式，看似谦逊，实际上却很好地避免了被他人怀恨，从而达到拒绝他人的目的。从本质上来说，这种回绝方式是非常委婉的。不过，一旦被拒绝，他人就不好意思再强人所难地要求你做出违心的事情。其实，不管采取哪种方式，只要能够在不得罪人的情况下成功地拒绝他人，捍卫我们的合法权益，不委屈我们自己，就是拒绝的好方法。需要注意的是，在贬低自己的时候一定要适度，否则，一旦给上司留下能力不足的印象，就得不偿失了。

第四章
灵活回话，机智救场

巧妙接话，缓解尴尬的局面

每个人都遇到过十分尴尬的局面，这时巧妙接话帮助他人打圆场，不仅可以照顾他人的情感和面子，让他人对你感激不尽，而且可以让你左右逢源。

在工作或生活中，许多原因都会导致矛盾的产生，此时如果有人及时地打好圆场，帮助他人解围，就能消除他人的不愉快，让他人感激不尽。帮助他人打好圆场，就是要照顾双方的情感和面子，引导他们去理解彼此，从而化解彼此的矛盾。不过，帮助他人打圆场，应该讲究一定的方法和技巧，不然很可能越帮越忙，越管越糟。

每个人都无法预知未来，随时都可能陷入窘境。令人尴尬的事情总是突如其来，让人措手不及。当他人陷入窘境时，你及时站出来，帮他人找一个好理由，打好圆场，则能避免他人颜面尽失。

比如，你介绍两个朋友认识，约好拿着身份证一起去某个景区游玩。见面刚几分钟，如果一方突然提出离开的请求，另一方就会出现不悦的神色。此时，你可以对另一方说："她这个人呀，丢三落四的，竟然把身份证忘家里了，家又那么远，一来一回天都黑了。这样吧，让她先回去，咱们两个去，来日方长，以后有机会你们再好好认识认识。这次算是打个照面，混个脸熟。"听了这话，因家中有急事突然要离去的一方自然会十分感激你，另一方自然也不会多计较了。

几天前，郭先生和自己的爱人吵了起来，上午的时候两个人才和好。可是，郭先生的丈母娘不知道这一点，不知道从什么地方听说了，知道自己的女儿受了委屈，于是气势汹汹地来到郭先生的办公室，要找他理论一番。当着公司同事的面，郭先生非常尴尬，但是想不到破解的办法。

看到这种场景，办公室里的同事老吴连忙说："阿姨，您来的路上看到您的女儿了吗？她去超市给小郭买鸡了，说是晚上要给小郭做鸡汤。"

听了老吴的话，郭先生的丈母娘知道女儿和女婿已经和好，也就不好意思继续在办公室里兴师问罪了。

帮助他人打圆场要注意方式，"和事佬"最重要的是改善他人的关系，而不是火上浇油。用巧妙暗示的方法可以不动声色地达到打圆场的目的。

如果在场面尴尬时，双方都不肯妥协，彼此已经产生矛盾，你不妨说几句话，巧妙地维护他们的面子和尊严。

小王的孩子和小赵的孩子打架，小王看不惯自己的孩子受委屈，于是出来数落了小赵的孩子。小赵刚好路过，听到小王

正在数落自己的孩子，气不打一处来，非要小王给个说法，不然不肯罢休。两个人谁都不肯相让，都要为自己的孩子讨个公道。

看到两个人剑拔弩张的场景，小郭连忙走过来，对他们说："两位少安毋躁，这件事的来龙去脉我很清楚，因为我全看在眼里了。"说着，他对小赵说："本来只是两个孩子打架这点小事，小王数落您的孩子，是因为这个顽皮的家伙把人家孩子的眼睛都打肿了，现在还睁不开呢。您想啊，眼睛多重要啊，万一有个好歹，那可是一辈子的事。"然后，他又对小王说："小赵不明白怎么回事，听到您这么训斥他的孩子，能不愤怒吗？再说了，您刚才训斥得也确实有点过。当务之急是，赶紧带着孩子去看眼睛，别耽误了治疗。"

听了这话，小赵连忙道歉，带着钱要为小王的孩子治眼睛。小王看到小赵并不是一个不讲理的人，觉得刚才不应该那么训斥一个小孩子，也向小赵道了歉。

打圆场时，应该维护好双方的面子和尊严，讲清楚其中的道理，可以各打五十大板，让他们意识到自己的错误。许多时候，人与人之间产生了矛盾，双方谁都不肯相让，只是因为他们都想维护自己的面子和尊严。但是，假如任由他们这样耗下去，只会让情况越来越糟。此时就需要第三者来打圆场，让当事双方的面子和自尊都能得以维护。不过，此时他们正处于敏感期，你帮人打圆场时一定要注意说话方式，尽量把话说得圆满一些，而不是胡乱评判，进一步激化他们的矛盾。

打圆场，帮你带来好人缘

　　青海初中毕业后就辍学了，因为家庭贫困，父母实在无力继续供他读书。为此，青海背起行囊来到南方，在老乡的介绍下进入一家发廊，成为学徒。当学徒很辛苦，青海整整学了半年，才被师傅允许给顾客理发。不过，在接待第一个客人时，青海就遇到了难关。这个客人是个中年女士，在理完发之后，对着镜子左顾右盼，说："你留得太长啊，显得好像没怎么剪短似的。"青海不知如何应对，一旁的师傅笑着说："看您这么有气质，一定是很有身份的人。这样的长度对您刚合适，显得您更加端庄高贵。如果太短了，就显不出这样的气质来。"听了这话，女士高兴地走了。接着，青海开始接待第二个顾客。这个顾客是位年轻的男性。青海胆战心惊地给顾客理完发，不想，顾客却不满地说："哎呀，我不小心睡着了，你怎么给我剪得这么短呢！"青海又愣住了，刚才的嫌长，这个又嫌短，这可怎么办呢？只听师傅若无其事地说："年轻人，这样的短发才配你啊。你看看你这么帅气的大小伙子，显得多精神啊！"年轻人笑着

离开了。

第三个顾客上门之后，青海忐忑不安，生怕万一再剪不好，又遭埋怨。因而，足足过了一个小时，他才剪完。顾客一边穿外套，一边喋喋不休地说："你肯定是个新手吧，剪个头发这么慢，幸好我没有什么急事，不然还不急死啦！"青海不知所措地站在那里，师傅笑着说："哎呀，发型的好坏可是最重要的，是'首脑'啊。为'首脑'服务，还不得慢工出细活嘛，慢是好事啊！您看看，进门苍头秀士，出门白面书生，您就跟变了个人似的，至少年轻十岁。"师傅的话让顾客喜笑颜开，付钱走了。

在这个事例中，青海第一天为顾客服务，不是留得长了，就是剪得短了，要不就是剪得慢了。总而言之，就没有得到顾客的赞许和满意。对此，青海原本就心中紧张，现在则更加忐忑不安，根本不知道如何面对和回应。幸好师傅见多识广，因而总是兵来将挡，水来土掩，轻轻松松地就为青海解围了，帮助徒弟从尴尬和难堪中脱身。当然，师傅的打圆场不但为青海解了围，也使得原本不太满意的顾客高兴而归。这个故事告诉我们，打圆场是非常重要的人际交往技巧。

俗话说："会说说得人笑，不会说说得人跳。"同样一件事情，不同的人以不同的方式表达出来，就能起到截然不同的效果。细心的人还会发现，师傅在三次打圆场时都说了吉利话。虽然说很多事情并非几句吉利话就能决定，但是吉利话依然是每个人都愿意和喜欢听的。说得恰到好处的吉利话，就能让原本心中不满的人喜笑颜开，甚至能让原本有隔阂的人尽释前嫌。

打圆场的原则就是扬长与避短。每个人都爱听好话，而"打圆场"就是有目的性地讲好话。针对不同情况对症下药，让对方从原来不满意的思维中脱离出来，换个新的角度做换位思考，也许对方就会体会到你的用意，尴尬、矛盾也就一扫而空了。

人是社会的人，每个人都是社会的成员，都需要与其他的社会成员打交道。尤其是对于职场人士而言，他们在生活中需要与他人交往，在工作中更是每时每刻都要与同事、领导、下属等打交道。在原本和谐融洽的气氛中，一旦因为一个敏感或者让人难堪的话题，导致气氛变得冷淡，甚至交谈无法继续进行下去，那么在场的人就会非常尴尬。退一步来说，即便是熟人，甚至是夫妻、父母、子女，也常常会因为话不投机而导致冷场。在这些情况下，我们都需要及时找到合适的话题，让交谈回到正轨，让气氛再次变得火热。

从人情的角度来说，打圆场是最不费力气的帮助他人的方法。因而，当遭遇冷场时，不管是否关系到你，只要力所能及，你就应该主动帮助他人打圆场。当你坚持这么做下去时，假以时日，你会发现你的人缘变得好了，不管走到哪里都备受欢迎，这岂不就是对你好心的最大回报吗？

借力打力，机智应对他人挑衅

当面对一些不友好或带有攻击性的问话时，我们都会感到不爽。这时候明智的做法是，深呼吸，冷静应对，先努力排除愤怒情绪的干扰，弄清对方的意图后再适度地反击。

在日常沟通中，面对别人抛过来的带有攻击性的话题，借力打力是最为有效的回话手段。这种回话方式是以攻代守，往往可以获得很好的效果。在运用借力打力时，关键在于冷静地分析对方语言中的关键字眼，然后从另一个角度去论述、延展，将其转化到对自己有利的方向。美国著名前总统林肯就曾运用这一招，很好地还击了羞辱他的人。

在当选美国总统之前，林肯遭遇了很多坎坷，甚至可以用"命运多舛"来形容他的前半生。幸好，他是一个非常坚强乐观的人，从未放弃希望，因而最终才能柳暗花明又一村，成为带领美国走过很多艰难时刻的总统。不过，因为林肯出身贫寒，所以当选总统时，他遭到有些议员的恶意挑衅。在那个年代，那些几乎都出身名门望族的议员，自以为身份高贵，根本瞧不上鞋匠的儿子，尽管他已经当选总统。没错，林肯的父亲是一名鞋匠。

当林肯站在讲台准备演说时，一名议员突然站起来，傲慢无礼地说道："林肯先生，虽然你马上要发表演讲，我还是想提醒你，你的父亲是个鞋匠，你是鞋匠的儿子。"这时，在场的人全都哈哈大笑，林肯却不以为意，只见他面色平和地说："是的，感谢你能记住我的父亲，他是多么优秀的鞋匠啊！即使我现在已经当选总统，我也深知我在总统的位置上永远不会做得比我父亲在鞋匠的位置上更好。"在场的人全都收起狂妄的笑，陷入沉默。此时，林肯特意对那名傲慢的议员说："如果我没记错，你也曾请我父亲为你做过鞋子。不管什么时候，如果你觉得鞋子不合脚，随时都可以来找我矫正鞋子。尽管我不能成为一个像我父亲那么优秀的鞋匠，但是作为鞋匠的儿子，我从小就学会了修鞋。"这番不卑不亢的话，让那名议员万分羞愧。林肯再次以诚恳的目光看着台下的每一个人，说："在座的各位，只要你们穿着我父亲亲手制作的鞋子，你们就随时都可以找我修鞋。我很乐意为你们服务。我会永远记得，我的父亲是一位多么伟大的鞋匠。"说到这里，林肯潸然泪下，在座的人爆发出雷鸣般的掌声。

对于傲慢的议员的挑衅和对林肯身世的侮辱，林肯丝毫没有表现出恼怒，反而非常淡定，借机会表达了自己对于父亲的思念和崇拜。他还主动提出要为在座的所有议员从父亲那里定制的鞋子提供售后服务，以此表达对修鞋行业的认可。他没有

看轻自己，更没有看轻父亲。在他不卑不亢的自尊自重中，那名议员被他折服，最终给予他热烈的掌声。不得不说，这样的淡然，远远比歇斯底里的愤怒来得更有力。

　　每个人都渴望得到他人的尊重和认可，但是偏偏有些人存有傲慢和偏见，还有些人总是自以为是、自高自大，瞧不起别人。在这种情况下，与他们争执显然没有必要，反而会扰乱自己的心境，破坏自己的好心情。聪明的人总会采取淡然的态度面对，这样才能表现出自己开阔的胸怀，也展示出高姿态。

　　无论对方的攻击性话语多么不堪入耳，聪明的人也会控制好自己的情绪。生活中有很多这样的场景，一些对你有恶意的人，故意诋毁甚至辱骂你，他们态度飞扬跋扈、目中无人。可是你如果以相同的方式来回应，那么情况会不断恶化，到最后无法收场。与其这样，还不如换个方式，用笑脸回应攻击者的刁难，也许会达到意想不到的效果。要知道，智慧和淡然才是最有效的回击武器。所以，学会控制自己的情绪十分重要。只有当你控制好了情绪，你才有心情去听对方怎么说，才能冷静地分析对方言语中的关键词，抓住对方话语中的漏洞进行有效的反击。

正向走不动，那就试试逆向

战国时期著名的军事家孙膑，在刚去魏国时，他的能力受到魏王的怀疑。为了考察孙膑的真本事，有一次魏王当着所有大臣的面对孙膑说："听说你很有才华，那么你能让我从座位上走下来吗？"大臣们听到魏王故意刁难孙膑的难题，纷纷出主意，庞涓更是毫不掩饰地说："不如在座位下面生起一堆火吧，这样大王一定会赶紧走下来。"魏王佯装恼怒地说："这是个坏主意。"看到魏王满脸得意的样子，孙膑蔫头耷脑地说："唉，我还是能力有限啊，怎么也想不出来办法能让大王走下王座。不过，要是此刻大王不在座上，我倒是有办法让大王坐回去。"

魏王看到孙膑那信心十足的样子，不假思索地走下座位，说："好吧，我倒是好奇，你到底有什么办法能让我再坐上去。"这时候，周围的大臣全都没有反应过来，也等着看孙膑如何让魏王重新坐到座位上呢！然而，等了半天，孙膑只是笑眯眯地站着，丝毫没有下一步举动。直到有个大臣问他："你怎么不想办法让大王坐回座位上呢？"孙膑忍俊不禁地说："虽然我

没有办法让大王坐回座位上，但是大王现在已经走下座位了呀！"这时，在场的人全都恍然大悟，不由得连声夸赞孙膑有智谋。就这样，魏王不再怀疑孙膑的能力了，而是开始重用孙膑。

孙膑创作的《孙膑兵法》是以变通为灵魂思想的，全书中处处体现变通。不得不说，孙膑是非常机智的，他之所以能够成功地让魏王走下座位，就是因为他采取了逆向思维的方式思考问题，甚至骗过了在场的所有人，让他们全都浑然不觉。这是因为大多数人都习惯正向思维，很少有人能够逆向思考问题。如此一来，能够掌握逆向思维方式的人，无疑相当于掌握了有力的武器。

如果你喜欢研究战术，你就会发现很多战场上的著名战役，都是运用出其不意的思维才获得成功的。正如古人所说的，"出其不意，攻其不备"。实际上，不但回话时需要出其不意，做人做事也可以逆向思考，以帮助自己更加接近成功。尤其是在现代职场，情势千变万化，如果没有变通的思想和灵活的智谋，则很容易陷入被动。举个最简单的例子，当领导让你连夜加班完成一个策划方案，但是你绞尽脑汁还是无法做出新意时，你不如发挥逆向思维，来个别出心裁。再如，当你与同事发生矛盾时，与其回避问题，不如直截了当地把问题摊在桌面上解决，毕竟这是任何问题得以解决前的最后关键一步。这样的开门见山，也许能让你柳暗花明，得到意想不到的好结果呢！总而言之，如果正向的思考方式不起作用，我们不如就尝试换个思维，用逆向思考来解决问题。

　　对于逆向思维，很多人不了解。其实，逆向思维并非一成不变的本末倒置。有的时候，换一种方式思考问题，也可以成为逆向。所谓的"逆"，并不是绝对的颠倒，而是一种创新思维的新角度、新视角。人不打无准备之仗，就是怕面对意外情况无法及时做出反应。如果我们的思维推陈出新，恰恰让做好万全准备的对手突然间陷入不知所措中，那么我们的胜算也会增大很多。有的时候，逆向思维还表现在以子之矛，攻子之盾。用对方故意刁难我们的话题作为武器，反击对方。总而言之，很多事情都是千变万化的，我们只有在了解对手的基础上，打开思路，让思维变得更加开阔、更加出其不意，才能更加接近成功。

转移话题，巧妙地堵住对方的嘴

在日常生活中，遇到一些令人尴尬的提问在所难免。在这个时候，假如我们直接回答"不能告诉你"，就会显得自己没有礼貌、对人不尊重，也会给对方造成心理上的不愉快。

那么，如何巧妙地回答对方，同时又不会让自己陷入难堪的境地呢？转移话题，无疑是一种十分有效的回话方法，它能巧妙转移他人的注意力，既让自己的目的达成，又很好地维护了对方的面子，避免引起正面冲突。

哈佛大学肯尼迪政治学院的托兹·罗杰斯和商学院的迈克尔·诺顿曾经做过一个实验：

将实验者分为两组，让他们都观看几分钟的问答视频。不同的是，第一组观看的视频中人物直接回答问题，而第二组的视频中人物回避原有的问题，而是顾左右而言他。

视频结束之后，研究人员向实验者提问："视频中的问题是什么？"令人意想不到的是，第二组实验者中有 40% 的人根本不记得视频开始提出的问题，而第一组只有不超过 10% 的人忘记了问题。

　　从实验中，我们可以粗略地得出这样一个结论：作为倾听者，其实在短短几分钟后，就已经记不清你们在讨论的是什么问题了，对你讲的话题已经没什么印象了。尤其是当你们漫无目地闲聊时，别人更不会记住你们之前讨论的问题。

　　王小姐是办公室里唯一的女子，性格开朗外向，周围的同事都围着她转，喜欢跟她聊天，开玩笑。随着大家越来越熟，身边的同事说话越来越肆无忌惮，什么话都敢说。

　　一次，办公室里的小郭在她面前和同事们闲聊，竟然毫不顾忌地讲起了一些不堪入耳的段子。王小姐置身其中，又羞又恼，可是为这一件小事和同事撕破脸不值得，显得自己心胸太狭窄了，毕竟大家在同一家公司工作，平时低头不见抬头见。

　　王小姐站起身，打断小郭说："小郭，别光顾着闲聊呀，刚才让你找的新产品资料，你找到没有？"

　　小郭找到后，又开始接着聊起来。王小姐再次打断他说："小郭，抓紧时间整理财务报表吧！经理今天下午开会时要用。"

　　小郭再开口时，王小姐又打断说："小郭，你们这个月的销售情况怎么样？比上个月有突破吗？"

　　这样几次下来之后，小郭终于明白了王小姐的意思，开始注意自己的言语。其他同事也已心知肚明，都改掉了在女同事面前肆无忌惮地开玩笑的缺点。

　　如果你不想听别人说的话，又不方便强硬地回绝对方，最好

的办法就是转移话题，巧妙地堵住对方的嘴。也许你心里会有顾虑，担心这样做太没礼貌，其实这样做一点儿问题都没有，因为是对方先没有礼貌，你不过是在提醒他注意自己的言行举止。

而且，采用这种方法，不仅不会让对方觉得你没有礼貌，还会让对方觉得你的态度很好。一般情况下，但凡有点儿头脑的人，看到你这样做，都能很快明白你的意思。

但是，有时候遇到的情况并没有我们想象的那么容易。有些人很难立即领会你的意思，甚至不断地用"话虽如此"或"但是"之类的语句，努力把话题拉回到他谈论的正题上去。面对这种情况，你可以不加理会，不停地打断他的讲话，搅乱他的思路，让他无法集中注意力把话题拉回到他谈论的正题上。

另外，谈话是建立在时间的基础上的，如果你多转移几次话题，时间很快就会消耗完，到时就不用你喊停，也同样达到拒绝的目的。最后，你可以把主动权掌握在自己手中，来一句："哎呀，时间过得太快了，不知不觉都聊这么久了，咱们下次再聊吧！"

谈话总是离不开某个主题，但是如果你恰巧不想谈论这个主题，那么你就可以采取转移话题的回话方法，巧妙地将谈话转移到你喜欢的主题上。比如，当对方在某人的背后议论是非，而你不想参与，那么这个时候你就可以利用这个技巧，先跟对方聊聊某人的近况和其他事情，然后说说自己的近况，再问问对方的情况，逐渐把话题岔开。

第五章
进退有度，攻守有方

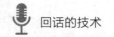

有时候以沉默来回应更有力

　　沉默既可以表示无声的认同，也可以表达坚定的反对，所以沉默可以蕴含丰富多彩的内容，运用得当就是拿最小的成本换取最大的利润。当然，沉默并非模棱两可的表现，反而能在一定的语境中，表达出异常明确的态度，从这个层面讲，在回话中巧用沉默，既可以将交流延续下去，又能让内容得到升华。

　　艾华是一名职业律师，他全权代表自己的客户与一家保险公司交涉相关赔偿事宜。

　　理赔员先发话："艾律师，我知道你口才很好，而且在涉及巨额款项谈判方面的经验也很丰富，但恐怕我们无法接受你们的开价，我们公司只能开出 10 万元的赔偿金，你觉得怎样？"

　　根据以往的经验，艾华知道无论对方开出怎样的条件都应该对其表示不满，此时，没有比沉默更好的表达不满的手段了。所以，艾华表情严肃，沉默地看着对方。其实，谈判过程中的讨价还价是高潮部分，此时的沉默也暗示着对方提出第一套方案之后，会根据你的反应来判断是否再拿出第二套、第三套方案。

果不其然，理赔员等了一会儿，看艾华始终不做表态，有点沉不住气了，说道："抱歉，请不要介意我刚才的开价，12万元你觉得如何？"

艾华沉默了一会儿后说道："抱歉，接受不了。"

理赔员继续说道："那13万元总可以了吧？"

艾华依旧沉默了一会儿才开口说道："13万元？嗯……我不清楚。"

理赔员显然是有点心慌了，因为这个案子如果再拖下去，对自己公司的形象就会造成负面影响。思索了片刻，理赔员又开口说道："好吧，那就14万元吧，再多的话就超出我们可以承担的极限了，到时候只能让法院来解决了。"

艾华感觉对方确实已经做出了最大的让步，而且也已经达到了委托人13万元的最低赔偿要求，决定是时候"收网"了。但他没有立刻答应，而是又沉默了一会儿，表情还很严肃，甚至有点愁眉不展，最后说道："我知道你们也是在尽最大的力量解决这一问题，但我也有自己的使命。这样，你们就赔偿15万元吧，今天这个事情做个了断，回去后，你向公司汇报，我向自己的委托人说明，说不定咱们以后还有更多的合作空间。"

就这样，一场充满沉默的谈判，让对方的赔偿金增加了50%。

在商业活动中，谈判是考验脑力和耐力的场合，双方要互相揣摩对方的心理，并就对方的反应做出灵活机智的应对。在

谈判过程中,如果一方不表明自己的态度,只用沉默或"不知道"来回答,就会给另一方造成不必要的心理干扰,进而让对方提出有利于自己的条件。在上述谈判中,艾华就是利用这一战术让保险公司的理赔员不断为赔偿金加价。

当然,不只是在桌子旁展开一对一正面交锋的谈判中,生活、工作中的琐事,也可以巧用沉默回话来达到震慑对方的作用。

老谭是某公司的领导,某天交代秘书小张去办一件紧急又棘手的差事。当然,老谭知道小张有这个能力做好这件事。不过,与以往的唯唯诺诺不同,小张这次竟然和老谭谈起了条件,还抱怨工作累、时间紧、任务重。其实,对于小张在态度方面的这种转变,老谭心里很清楚,就是因为和他同时来这家公司的一个小姑娘由于办事勤恳,不到半年就升职加薪,而自己虽然工作也很勤快,但领导一直都没有表态。老谭平时很随和,也很少给下属脸色,但这次为了挫挫小张身上的锐气,在他们"谈判"的过程中一直保持沉默,而且还用眼睛直勾勾地盯着小张看。小张刚开始还底气十足,结果越到最后越语无伦次,最后连自己都不清楚怎么就拐到了向老谭保证说:"您放心,我保证完成您交代的工作。"

其实,沉默也并非完全不说话,有时候也可以通过转移话题来表达不满或者不屑,让对方意识到自己的想法有点出格,从而自动回避。总之,在和别人交谈的时候,巧用沉默也会获得意想不到的能量。

掉转话头，收回话语的主动权

著名画家张大千管着长长的胡须，而且爱自己的胡须胜过生命。有一次，几个朋友在一起吃饭，酒过三巡时，有个朋友一时兴起，不停地拿张大千的胡须开玩笑，并且伙同另外几个朋友一起调侃张大千。对此，张大千先是沉默不语，后来实在忍无可忍，就开始不动声色地反驳。

张大千不疾不徐地说："看到大家说得这么高兴，我也有个与胡须有关的故事，可以说出来供大家娱乐。据说，当年关羽和张飞阵亡之后，刘备调兵遣将，想要集结兵力为两个兄弟报仇。听说此事后，张飞和关羽的儿子都争先恐后要当主帅，想亲手为父报仇。眼看着他们争执不休，为了表示公平，刘备让他们分别讲述各自父亲的战功，谁列举的战功多，谁就当主帅。这时，张飞的儿子张苞抢先说道：'我的父亲当年在当阳桥大展雄风，还战胜了马超，又凭借智慧占领了瓦口隘，劝降了严颜，可谓真英雄也。'这时，关羽的儿子关兴也不甘示弱，原本就口吃的他因为紧张，更加结结巴巴地说：'我父亲有几尺

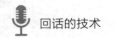

长的美须，当年献帝还曾经夸奖他是美髯公呢！所以，必须由我来当主帅，率领大军为父报仇。'此时此刻，正立于云端的关公气得连声叫骂：'这个无用的不孝子，我斩颜良，杀死文丑，浴血沙场，奋战不已，还单刀赴会，这么多英雄事迹都不讲，只说老子的胡须有什么用处！'"

听完张大千的话，在场的朋友们全都你看着我，我看着你，谁也不知道该说些什么。从此之后，再也没有人以胡须调侃张大千了。

在这个事例中，如果张大千对于众人拿他视若生命的胡须开玩笑，当场表示愤慨，甚至与人反目成仇，那么非但无法收到预期的效果，还会被他人视为小气，视为缺乏度量，甚至因此被人诋毁。但是，张大千非常聪明，他没有采取任何过激的言辞回应大家的调侃，而是采取迂回引导的策略，直接把处于他人那里的谈话主导权收回自己手里，只一个简简单单的故事就让众人面面相觑，不知如何反驳和应对。这样一来，整个宴会席间的气氛全在张大千手中控制着。如果他接下来说些轻松的话，大家就能从尴尬之中摆脱出来；如果他接下来依然一本正经地板着脸孔，大家就会陷入难堪的沉默，甚至正常宴席都会不欢而散。这就是扭转局势、反败为胜，处于主导地位的张大千。

在人多的社交场合，尤其是在有多方参与交谈的情况下，掌握谈话的主导权是很重要的。当我们想要回复他人时，如果直截了当地怒斥他人，则很容易导致事情恶化，甚至得罪在场的所有人。因为大家总会觉得，为了大家的高兴，拿你开开涮又有什么呢！其实不然。作为当事人，或者是作为众人调侃的焦点，一定觉得非常尴尬。在这种情况下，最重要的不是反驳某一个人，而是努力夺回谈话主导权，从而改变整个谈话的方向，掉转话头。

这样一来，主导谈话就会变成水到渠成的事情。任何情况下，我们都不主张不加任何掩饰地反驳，因为这种方式太过生硬，也缺乏回旋的余地，很容易让全场都陷入尴尬的沉默之中。回话不但是一门艺术，而且是一门博大精深的艺术，我们唯有掌握回话的艺术，才能在社交场合如鱼得水，也才能成为处处受人欢迎的人。

抓住双方共性巧妙协商

　　面对意见分歧的时候，你做出回话时的态度和意见直接关系到分歧是否有商量的余地，关系到异议最后能否消除，关系到你们能否达成一致。

　　某市剧场门前严禁卖瓜子、花生之类的小食品，怕大家随地乱扔瓜子壳、花生壳，影响市容。可是有一位年近六旬的老太太偏要在这里卖瓜子、花生，剧场管理人员怎么劝都劝不走，跟她讲道理她也不听。用剧场管理人员的话说："这老太太年纪大，嘴皮子厉害，不好对付，只好睁一只眼闭一只眼。"

　　这天，市领导要来检查卫生，剧场管理人员对老太太说："老太太，快把摊子收走吧，今天市领导来检查卫生，不让在这里卖东西。"

　　"往日让卖，今天又不让卖，世道又变了吗？"老太太言语十分犀利。

　　针对老太太的这句话，管理人员是这样回话的："世道没有变，是因为市领导和检查团要来了。"

　　"市领导和检查团来了，就不让卖东西？他们来了还让不让人吃饭？"

管理人员加重了语气回话道："市领导和检查团来了，如果地面不干净是要罚款的。"

"地面干净不干净，与我无关。吃多了肥肉拉肚子，你总不能怪卖猪肉的吧？"

管理人员听了这话，不知道怎么回应了，只好悻悻而退。

剧场管理人员与老太太的对话被一旁管理自行车的张师傅看在眼里。剧场管理人员走后，张师傅走了过来，对老太太说："老嫂子，你一大把年纪，一天卖东西能挣几个钱？如果市领导和检查团来了，真要罚你个三五百块的，你这一天不是白干了吗？今天不让卖就不卖了呗，明天再来也可以，检查团又不会天天来，你说是不是这个道理？"

"嗯，是这么个理，真要被罚了，我可就倒大霉了。我走，这就走。"老太太一边笑着说，一边把摊子收了。

两种劝阻方式，一个以失败告终，一个以成功收场，其中彰显了回话的学问。管理人员之所以劝阻不成，反而自讨没趣，是因为他面对老太太的反驳时，一味地说抽象的大道理，却没有站在老太太的立场，帮老太太分析在剧场门前摆地摊的利弊。而张师傅懂得这一点，他从老太太的切身利益出发，用简单的话语指出只顾眼前小利的后果，使老太太意识到固执地坚持摆地摊是不明智的，于是心服口服地接受了规劝。

俗话说："打蛇打七寸。"要想用一句回话改变别人的态度，给异议一个商量的余地，就要抓住对方最在乎的事情。众所周知，

利己是人性的共同特点，只要你能抓住对方的切身利益，你的意见就会被对方重视起来。因此，一句话协商的关键，就在于你在回话时要旗帜鲜明地说出关系到对方切身利益的话。

在求人办事的时候，很多人都有过这样的经历：无论怎么恳求，对方可能总是在敷衍、漠不关心，如果这个时候抛出"利益"这个诱饵，明确告诉对方只要他按照你的想法去做，就会得到什么好处，他一定会乐此不疲地支持你、帮助你。

英国工业革命期间，法拉第因发明发电机而闻名于世。在法拉第发明发电机的过程中，他曾因资金紧张而去寻求政府资助，为此他特意拜访了当时的英国首相史多芬。

见面时，法拉第带去了一个发电机的雏形，滔滔不绝地讲述这个划时代的发明，但是史多芬反应冷淡，摆出一副毫不关心的样子。其实这也不难理解，史多芬只是一个政治家，他根本看不懂这种周围缠着线圈的磁石模型，更不明白这个东西能带来后世产业结构的变化。

针对史多芬的表现，法拉第调整了谈话方向，开始从这项发明能为史多芬带来什么好处这个角度做出回话："首相，这个机械如果得到普及，一定能增加税收。"此话一出，史多芬马上来了兴趣，对发电机的问题十分关心。之后法拉第与史多芬聊得很愉快，最终法拉第得到了史多芬的支持和政府的资助。

很显然，首相听了法拉第说的那句话后，态度有了180度的大转变，原因就在于这个发电机一旦普及，必定会提高社会的生产能力，为英国政府增加税收，而英国首相最关心的就是这个问题。回话的时候从对方最关心的问题，从对方最关心的好处入手，才是最有说服力的。

好处具有诱惑力，能驱使人们热心地追逐；坏处具有震慑力，能促使人们尽可能地规避。因此，在回话时除了简单明了地告诉别人能获得什么好处之外，还可以简单明了地告诉别人，如果拒绝接受你的意见，不按你的想法去做，会有什么不良的后果。

有一家公司向一家工厂订购了一批货物，定于两个月后交货。可是过了一个月，该工厂见物价暴涨，就要求那家公司与他们重新拟订合同，提高货物价格，否则，他们拒绝交货。于是，这家公司的营销人员马上前往谈判，力争说服对方履行合同。

该工厂厂长见对方来势汹汹，早就准备舌战一场。然而，那家公司的营销人员一席话，促使他改变了想法。那家公司的营销人员说："我们是贵厂的老客户了，这不是第一次订购你们的货物，虽然这次出现了矛盾，但我希望今后我们还能继续合作。贵公司如果坚持撕毁合同，中断了我们的生意往来，其他想同贵公司合作的新客户也会退而三思。撕毁合同造成的负面损失，不只是体现在金钱上，还有你们厂的信誉和形象，我想这是无法用金钱衡量的。希望贵厂慎重考虑，千万别因小失大。"

在这个事例中，那家公司的销售人员在回话中很明确地指出撕毁合同带来的后果——除了资金上的损失，还会在信誉、形象上受损，影响长远的发展。如此严重的后果，才是触动那家工厂厂长改变想法的关键。

以退为进，对方更容易接受

　　"我很忙，没时间听你说！"销售员听到顾客这样说，马上回话道："没关系，我等你有时间，你说吧，是 10 点，还是 11 点？""我现在没有时间，过几天再谈吧！"销售员说："过几天再谈也好，那么我们定个时间吧，是明天还是后天？是上午还是下午？"类似的回话想必你并不陌生，这在回话技巧上叫"以退为进"，即先承认对方的观点，再以对方的观点为依据，回敬对方，把难题抛给对方。

　　在与客户谈判的过程中，或与人聊天时，以退为进的回话术是掌握谈话主动权的一种有效方法，可以达到意想不到的效果。在交谈中，谁善于以退为进，谁就可以有效地控制谈话，轻松回应对方的进攻。

　　以退为进的回话术，在日常交谈和商业谈判中，具有十分重要的沟通作用。不懂得以退为进，那无疑是一种遗憾。

　　王建国是一名保险业务员。一个周末，王建国与客户赵先生约好，到他家里拜访他。虽然之前赵先生对保险表达了一定的兴趣，还有意要为家人们投保，但是这次的见面并不顺利，因为赵先生说："你们保险都是骗人的，说起来天花乱坠，实际上也是从我们身上榨取利益。"王建国并不急着反驳，而是笑着问道："你愿意详细跟我聊一聊，保险怎么骗人的吗？"

赵先生说："打个比方，十万块钱现在可以买辆不错的家庭轿车，但是二十年后呢，没准连个二手车都买不到。我现在花十万买份保险，二十年后就算你们不倒闭不跑路，按约定返还给我这十万块，我还能买着车吗？"

王建国耐心地问："你怎么会有这样的想法呢？"

赵先生叹了口气："这些年来货币不断贬值，再过些年，通货膨胀没准更严重。"

王建国锲而不舍地问："除了通货膨胀的顾虑之外，你还有什么担心的呢？"

赵先生摇了摇头。

通过与赵先生的沟通，王建国对赵先生的担忧有了大体的认识，于是说道："你言之有理，看来你对经济形势还蛮有自己的看法。确实如果货币不断贬值，二十年后别说二手车了，估计连个车轱辘都买不来。"说到这里，赵先生的抵触情绪已经明显地缓和了，紧锁的眉头也舒缓了，他便又接着说道："我们国家的经济在快速发展当中，出现物价上涨这类的问题在所难免，但是国家也陆续出台了各种政策，防止货币过度贬值，因此，你所担心的严重通货膨胀的可能性很低。另外，我们公

司已经考虑到这方面的因素，所以所有种类的保险都是有利息的。最后，也是最重要的一个因素就是，购买保险是为了购买一份保障，这才是保险的本质，它与理财产品有着本质的区别。打个比方，如果你买一辆汽车，它会给你任何保障吗？"

王建国看赵先生不断地点头，又补充了一句："其实我知道，这些道理你都懂，我也只是发表了我个人的看法，有说得不对的地方，还请你不吝赐教啊。"

这时，赵先生的态度跟开始的抵触发生了180度的转变，接下来王建国的这份保单签得自然十分顺利。

多数人都希望别人认可自己的言辞，但越是在这种时候，越要注意言辞的分寸和说话的技巧。在以退为进的策略中，退是表象，只不过是在这种表面的退让中让对方得到胜利的愉悦感，进而放松思想戒备，此时再提出要求，对方也会更容易接受，而这也是自己的最终目的。

先承认对方的观点、想法或结论，并非真的认同，而是假的承认。目的是利用这个假的观点，推论出另一个更加荒唐的结论，以反证这个观点的荒谬。先承认别人的观点有一个好处，那就是让人认为你是赞同他的，这样可以缓和交谈的气氛，等对方意识到你的回话中暗含嘲讽、反驳的意味时，已经败下阵来了，想反驳也为时晚矣。

面对提问者咄咄逼人的语气，我们采取以退为进的方式回答，看似我们在"退守"，实际上，我们是在用类似对方的方式"进攻"。

正面争执不如曲线沟通

　　因为下岗了，所以李大姐在小区的超市门口摆了个摊子，专门卖中幼童的服装。她周一到周五都不出摊，只等到周六周日的时候出摊。因为超市门口就对着小区的健身广场，所以周六周日的时候人很多，大部分都是带着孩子玩耍的父母、爷爷奶奶们。因为人气高，所以李大姐的生意还算不错。这个周六，李大姐进了很多新货，吸引了很多带着孩子的年轻人和老人围着看，挑挑拣拣。

　　有个大妈看中了一件黑色的T恤，带着黄色的装饰条纹，看起来很漂亮，也充满活力。她是想买给自己孙子的，她的孙子又高又壮，看起来虎头虎脑的。李大姐给大妈推荐了110码，说按照孩子5岁的年纪，穿这个码数是肯定没问题的。

　　大妈很想买那件120码的，但是李大姐偏偏执拗地说："大妈，你就相信我吧，我卖了这么长时间的童装，还能不知道尺码吗？110码，6岁的孩子也能穿，更别说你家孙子才5岁了。"

　　大妈有些不高兴地说："我孙子那么高大强壮，看起来就

像是六七岁的孩子了，110 码肯定小了。"

李大姐依然说："肯定不小。你就信我的，买小了你再拿来找我退换都行。"

大妈有些生气了，说："你这个人卖东西怎么这么死心眼啊！我自己的孙子穿多大衣服我不知道吗？我就想买 120 码的，你卖不卖啊？"

李大姐也不高兴起来，说："你这个老人家也真固执，你说你要是买大了，孩子穿着也难看啊！"

正巧这时，大妈的儿媳妇带着孩子走了过来，大妈喊过孙子，气鼓鼓地说："来，我就试试 110 码的给你看，看看到底能不能穿。"

果不其然，大妈把衣服套在孙子头上，在大脑袋那里就卡住了。大妈对李大姐说："你看看，这是能穿还是不能？"

李大姐低声说："哎呀，这个孩子真是高大，看起来跟七八岁了似的。要不，你再试试 120 码的吧。"大妈拿过 120 码的衣服，给孙子穿上，果真刚刚好。这下子，李大姐什么也不说了。

作为卖衣服的人，李大姐在回话的时候，其实完全没有必要如此认真地和大妈争执。毕竟她是有 120 码的，只能根据大妈描述的孙子的年纪、高矮胖瘦等给出建议，而不能强迫大妈必须买 110 码的。

如果不是大妈的儿媳妇带着孩子走了过来，亲自试穿了衣服，则大妈肯定会因为李大姐的执拗而最终气愤不已，甚至放弃买衣服。如此一来，李大姐的好心岂不是做了坏事？如果李大姐能够改变思路，顺从大妈的意思卖给她120码的衣服，并且告诉大妈如果孩子穿得太大了，就等下个周末拿过来调换，也许大妈就能高高兴兴地买了衣服走人，甚至还会成为忠实客户呢。

　　生活中有很多时候，我们因为观念、出发点等的不同，常常与他人意见相左。在这种情况回话时，一味地否定他人，要求他人接受我们的观点，显然是不现实的。尤其是当双方因为坚持己见而产生争执时，往往事与愿违。在这种情况下，其实如果我们能够改变思路。回话时先不要急着反驳对方，然后再选择合适的时机表明自己所持的观点，那么效果一定会好得多。毋庸置疑，让他人接受我们的观点、成功说服他人是社交上的一门学问，决非靠着强迫就能使对方接收的。我们只有掌握对方的心理，以正确的方式打开对方的心扉，以适宜的方式表达我们的观点，才能事半功倍。

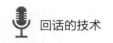

用数字说服人最为有力

　　当我们问别人一个问题，我们都希望对方能回答具体，而不是回话模糊，因为具体的回话可以直观地呈现事物的形态，而模糊的回话则容易给人造成误解。

　　黄女士受同事小刘之托，想给小刘介绍一个男朋友，于是通过同学了解到男士赵某。黄女士问同学："赵某的基本情况怎么样，介绍一下吧！"

　　同学说："赵某从事绘画工作，自己开了一个绘画培训班，主要教中小学生绘画，收入还可以，家庭条件也不错。"

　　黄女士问："赵某多高？"

　　同学说："还可以，比我矮一点。"

　　了解到这些信息后，黄女士把情况告诉给小刘。几天后，在黄女士的陪同下，赵某和小刘见面了。见面之后，小刘大失所望，黄女士也感觉很不满意，因为赵某太矮了，目测只有 1.55 米，这是她怎么也没想到的。

　　在这个例子中，黄某问赵某多高，同学的回答是："还可以，比我矮一点。"这是一个非常模糊性的回话，透过这个回话，不能让人获得一个直观的印象，"还可以"是多高？"比我矮一点"，这个"一点"是多少？这些都是模糊性的回话，如果当时黄女士的同学用具体的数字回话，比如说"赵某身高1.55米"，黄女士就会明白，赵某个子很矮，她可能就不会把赵某介绍给同事小刘了，也就不会出现后来见面时的尴尬。

具体的数字是最能说明问题的，也是最能清晰表达观点、描述事物的。恰当地运用数字回话，不但可以让人清晰明白地听懂你的意思，还能从数字中看到一些深层含义。当你有意识地运用数字回话时，还可以达到很好的说服目的。

某地村民打架成风，后来村长写了一则告示，印发了很多份，每一户发一张。村民看了这个告示之后，再也没有发生过打架斗殴事件，这到底是什么原因呢？

原来，这个告示上写着：

打架斗殴，把人打伤给你造成的损失：

被公安拘留10天，10天不能工作，耽误赚钱保守估计为1000元；

打伤人罚款500元；

赔偿伤者医药费1500元；

合计：3000元。

村长针对村民打架事件用数字做出回应，让大家明白了打架给自己造成的经济损失。在赤裸裸的金钱面前，大家自然会

约束自己的行为，毕竟谁都不愿意和钱过不去。这就是数字的魅力，它是说明事物真相的好方法。

一般来说，在回话时想让你的数字更有说服力，那么你最好采用百分比。尤其是当别人问你的成绩时，比如，在求职简历中，在工作报告中，你更应该注意这一点。

面试官问应聘者："你曾在管理岗位上，取得过什么业绩？"

甲的回答是："我曾在管理岗位上实行了新的人事政策，提高了员工的士气。"

乙的回答是："我曾在管理岗位上实行了新的人事政策，使人员缺勤率下降了27%。"

如果你是面试官，你对哪个回答更满意？肯定是第二个回答，因为第二个回答中有详细的数字，而且能够体现出回答者的工作成果。"下降了27%"体现的是一种好的变化，让人轻松地看到人事政策实行前后的巨大差距。

采用列数字的回话法，可以让听者通过数字的精确，体现回答的准确性。一个数据的作用是有限的，你还可以用多组数据进行对比，那么就能很好地制造震慑力，让人看后获得强烈的视觉冲击。

有比较才有鉴别

所谓对比回话法，指的是在回话中，把性质彼此对立的事物或针锋相对的观点加以比较，辨别是非正误和优胜劣汰的回话方法。有比较才能看出差距，有比较才能鉴别，尤其是正反的对比，褒贬效果十分鲜明，这比孤立地从一个方面阐述具有更强的说服力。这就是对比回话法的优点。

在回话中运用对比，可以凸显事物的特征，显露事物的本质；可以让正确的论点更加可信，让错误的观点显得更加荒谬；还能使事理更加鲜明，令人印象深刻。

顾客："你们的微波炉太贵了！"

销售员："不贵啊 我们产品具有五大优势功能，六大节能亮点，采用美国进口的研发技术，卖这个价钱一点都不贵。"

顾客："不就一个微波炉吗？售价一千多元，这还不贵啊？"

在这个例子中，销售员没有采用对比回话术，而是一味地强调自己产品的优点，无法让顾客看到他们的产品在同类产品中到底好在哪里，贵的原因又在哪里。所以，很自然地无法消

除顾客对他们产品"贵"的印象。大与小、是与非、贵与便宜，这些概念都是相对的。单说一个东西很大，很难给人真实准确的形象，但如果你拿出一个大家熟悉的东西做对比，那就能很好地说明问题了。

甲问："太阳有多大？"

乙答："好大好大，大得超乎你的想象。"

甲问："到底是多大？能说得明白点吗？"

一旁的丙接话道："太阳看上去不大，实际上大得很，地球够大了吧，可太阳相当于 130 万个地球。"

乙一味地说太阳好大，却不能说明太阳到底有多大，他的回话显得苍白无力。而丙拿出大家熟悉的地球跟太阳做比较，很好地突出了太阳体积之大这一特点。在回话中，当你回话中涉及一些他人感到陌生的事物时，为了让他人更好地明白，你最好用一个对方熟悉的东西作为对比的对象，通过对比可以很好地彰显事物的特征。

明确"对比点"主要须搞清楚两点：首先，比较的双方必须属同一类型，否则就失去了比较的意义；第二，比较的双方还必须有对立或不同的特点。如果你回话中的对比不具备这两个特点，那它就是一个不合理的对比，而不合理的对比是没有说服力的。

举个很简单的例子，顾客说："你这盒洗面奶售价两百多元，也太贵了吧！"销售员却说："这有什么贵的，一辆奔驰汽车还卖两百多万呢！"顾客听了这话，直接被气走了。很显然，销售员的对比就非常不合理，汽车的价格怎么能和洗面奶对比呢？这两种事物根本不属于同一范畴，完全不具备可比性。正确的对比是，找其他牌子的洗面奶进行对比，这样更能说明问题。

很多人在回话时，作为对比之后不加分析，未能指出两事物相异之处以证明自己观点的正确，这是非常遗憾的回话。对比是基础，分析是关键。因此，对比之后旗帜鲜明地做出分析和评价，并得出你的结论是非常重要的环节。

一名新晋画家向德国著名画家门采尔抱怨："我一天就可以画出一幅画，可是想要卖掉它却需要至少一年。"

门采尔略加思索后回道："如果换一下，画上一年，我保准你一天就能卖出去。"说完这话，他又解释道，要想出精品，就得花工夫去练习，要用心对待每一幅作品，绝不能追求作品数量，而不追求作品质量。

门采尔的回话中蕴含着一个反差强烈的对比，并且他在对比之后对两种情况做出了解释，把其中的利害关系讲清楚了，表达了自己的观点。这就是一个非常好的对比回话。

回话的技术

生动的比喻，让回话通俗易懂

　　回话的时候，用打比方的说明手法，可以把话说得生动形象，让人轻松明白你的意思。打比方是向其他人解释问题的好办法，尤其是对于不熟悉你表达内容的人，这个方法更简单高效。很多演讲家、管理者、培训师都喜欢用打比方的方式来说明问题。

　　再比如，有人问一位经济学家："你对经济发展有什么看法？"经济学家说："经济发展跟骑自行车的道理是一样的，如果车骑得太快会太危险，车骑得太慢车子就会不稳定，所以得恰到好处。"这就是一个很好的比方。因为如果经济增长太慢，社会中很多积攒问题就会集中迸发，导致社会出现危机；而如果相反，增长速度太快，就会出现投资过剩、货币贬值等问题。因此，经济发展太快或太慢都不是好事。由此可见，打比方在回话专业性问题时，具有十分重要的作用。打比方固然能够更好地说明问题，但如果打比方用得不恰当，或打得太过了，就达不到说明问题的目的。

　　打比方的目的是让回话变得通俗易懂起来，是为了让听话

者更好地理解。因此，一定要用简单的东西来打比方，否则，回话会变得越来越复杂。这与我们的回话初衷就相违背了。

著名学者钱锺书的长篇小说《围城》重版之后，钱锺书的声名大噪，上门拜访者络绎不绝，而钱锺书是个不愿意接受采访的人。因此，他总是极力回绝别人的来访请求。

有一天，一名英国女士打电话给钱锺书，要求拜访，钱锺书在电话里说："如果你吃了一个鸡蛋，感觉很好，又何必非要认识下蛋的母鸡呢？"

在这里，钱锺书厌母鸡下蛋打比方，把拒绝之意说得非常委婉，而且具有幽默效果。母鸡下蛋是很简单的现象，用简单的东西来打比方，可以把复杂的意思表达得通俗易懂，这就是打比方的意义。

在运用打比方说明手法回话时，没必要太拘泥于打比方的对象，事实上，只要你能自圆其说，把两类事物之间的共同点讲明白就可以了。

西方著名的科学家伽利略年轻时对科学充满热爱，立志要做一名科学家，但是父亲对他的理想和抱负不屑一顾，百般阻挠他献身于科学。对于父亲的阻挠，伽利略思考良久，终于做出回话。

一天，母亲出门了，只有伽利略和父亲在家，于是伽利略对父亲说："父亲，您当年是怎么跟母亲在一起的？"

父亲的回答简单明了："我喜欢上她了。"

伽利略又问："母亲是不是您的第一位妻子？"

父亲回答道："当然。那时候我家庭条件比较宽裕，你爷爷要我娶一个富有的太太，因此反对我和你母亲结婚，但我非你母亲不娶，最后你爷爷见我决心坚定，就没有反对我们。"

听完父亲的回答，伽利略说："你之所以不愿意与别的女人结婚，是因为你只爱我的母亲。可我现在也遇到了和你当年一样的烦恼，我深深爱上了科学，就像当年你爱我母亲一样。我发誓这辈子除了科学以外，我不会再选择别的行业。"

父亲说："我知道你对科学很热爱，也相信你能在科学上取得成就，可是我们家庭条件不好，我没有足够的资金供你上学。"

伽利略告诉父亲，没有金钱没关系，他会通过勤工俭学来赚取金钱，还可以靠领取奖学金来读书。最终，父亲支持他追求科学。

说服别人并不是十分艰难的事情，只要能够恰到好处地将自己的想法用打比方的手法表达出来，就能增加你言语的说服力。在这里，伽利略把自己对科学的热爱和父亲爱母亲拿到一起做比较，明确地表达了自己追求科学的决心，终于打动了父亲，赢得了父亲的支持，最终他成为了一名卓越的科学家。

打比方的对象可以是不同范畴、不同性质的事物，但要想打比方有说服力，你一定要找到两者之间的相同点，利用这个相同点来说明问题，才能让你的比方具备说服力。

第六章

提高情商，善解人意

一开口就抓住对方的心

俗话说："酒逢知己千杯少，话不投机半句多。"有些人，你和他交谈了很多次，却总觉得聊不到一起；有些人，你和他第一次交谈，就觉得像是知己，感觉相见恨晚。为什么有如此大的差别呢？其实很重要的一点是回话上的差别，前一种人在回话时，或因为刻意隐瞒，不说重点，或因为回话水平有限，说了很多废话，就是说不到重点；后一种人在回话时，能够用简洁的语言快速地抛出关键信息，一开口就抓住听者的心，这样极大地提高了沟通效率，让人觉得和他聊得痛快。

前段时间吴军接到一个推销电话，听声音是一个年轻的姑娘，她很礼貌地问道："能打扰您一会儿吗？"

当时吴军正好不忙，就说："你有什么想说的？请讲！"

于是，她开始了销售陈述，吴军一听就知道那是标准的说辞，他一直没有打断她。但是一分钟过去了，吴军还没听出来她要推销什么，因此吴军不得不打断她："我没兴趣，我不需要。"

对方很是惊诧地问："我还没介绍产品呢，您怎么知道不感兴趣，怎么就说不需要呢？"

吴军说："这就是问题所在，因为你都讲了一分钟，还没有开始介绍你产品的重点信息。"

对方发出很无辜的声音："哦，您说得很对。"

吴军说："你是要向我推销保险，对吧？"

她说："是的。"非常简单的回答，其实这是一个非常好的回话时机，她可以在这句回话后面追问一些问题，比如，"您好像对这项保险很熟悉啊！"或者开玩笑地说："您真是高人，未卜先知啊！"这样至少能把话题延续下去。但是这个姑娘显然不是回话的高手，于是吴军果断地结束了谈话："我对保险不感兴趣，谢谢。"于是就把电话挂了。

很多时候，我们的回话总是不着边际，没有重点，东飘西飘，就是飘不出关键信息。就像那名保险推销员一样，说了一分钟，还没有说到重点信息，导致听者不知道她想说什么，试问：谁愿意耐心地听你讲一分钟，而且是在听不出任何关键信息的情况下去听？大家的时间都很宝贵，都希望在提出问题之后，得到别人简洁、有效的回答。

好的回话永远是针对性回答，别人提出一个问题，你针对这个问题做出有效的回答，这就叫回话要有针对性。比如，别人问你从事什么工作，你直截了当地回答"我从事家用电器销售工作"，这就是很具体、很清晰的回答。而如果你回答"我是做销售的"，就不那么具体了。

　　有些问题没法做出针对性回话，就需要用一些重要的论据辅助你的观点，一步步推出关键信息——你的结论。比如，针对某一事件，你不同意别人的观点，不同意别人的处理办法，而你又不想直接表明你的反对意见，那么这时你就可以采取"推论出关键"的策略进行回话。

　　优秀的回话者，总能将复杂的问题简单化，三言两语，就把问题分析透彻；拙劣的回话者，却把简单的问题复杂化，十句百句也说不清。在回话时，充分掌握事实情况，才能抓住问题的要害，快速抛出关键词，剔除那些无意义的废话，这样才能一开口就打动对方。

抓住对方的兴趣点，满足心理需要

与人沟通时，满足对方的心理需要，回复一些对方想听的话，更能激发对方的沟通欲望。对方甚至会把你奉为知己，觉得你太了解他了，自然愿意和你多聊几句。满足对方的心理需要，对方才愿意听你说话，才相信你说的话，你们的沟通才有效。

大学毕业后，小小因为一个人无力负担房租，所以与另外一个女孩丝丝合租一套两居室。住进新家好几天，她们都是有一搭无一搭地说话，小小觉得她们之间似乎隔着什么。原来，小小喜欢看美国大片，但是丝丝特别喜欢看韩剧。有的时候，即使小小想与丝丝套近乎，说说美国大片的精彩之处，丝丝也完全不知道。就这样，她们的关系越来越疏远，甚至进进出出的时候连招呼都不打了。

有一天，小小打开电视机，发现除了一个频道正在播放《大长今》之外，其他频道都没有什么好看的节目。为此，她只好看起了韩剧，居然越看越投入，看到让人感动的地方，还落下泪来。第二天，丝丝问小小："你昨天看《大长今》了？"小

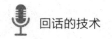

小点点头，说："是啊，我以前很少看韩剧，没想到韩剧这么好看。我看完电视上的几集还不过瘾，后来又在电脑上找出了几集接着看，一直看到半夜呢！"丝丝眼前一亮，说："哈哈，你和我刚开始看《大长今》的时候一样，连觉都没心思睡了，恨不得一口气看完才过瘾呢！不过，我当时看的是首播，每天只能心急如焚地等着。"小小高兴地说："幸好我没有在首播时看啊，不然非得急死不行。我准备今晚继续奋战，等到周六周日的时候什么也不干，就窝在家里吃零食、追剧。"从此之后，小小与丝丝之间就有了共同语言，那就是《大长今》。她们对《大长今》里的每个人物都津津乐道，不但交流看法、发表评论，甚至还约定等到小小看完第一遍《大长今》之后，抽个假期再一起重温呢！渐渐地，小小与丝丝的关系越来越好，最终成为无话不谈的好朋友、好闺蜜。

　　刚开始时，小小虽然想与丝丝亲近，但是却没有找到合适的方法，她所说的美国大片，丝丝连听也没听说过。因而，她们之间就像隔着什么。后来，小小无意间发现丝丝爱看的韩剧其实很有意思，也渐渐地爱上了看韩剧，说的话题自然也都是丝丝想听和愿意听的，最终她们越走越近，成为无话不谈的闺蜜。在与他人相处时，尤其是面对不太熟悉的人时，我们要想与他人顺畅地交谈，首先应该说些他人愿意听也感兴趣的话题。否则，如果你自顾自地说着自己的话题，但是他人却丝毫不感兴趣，你的谈话就一定无法继续下去。

可见，与人沟通时，根据对方的心理需要，回复一些对方想听的话，更能激发对方的沟通欲望。因此，我们在回话前，应该先搞清楚对方的兴趣点，弄明白对方有哪些心理需要，然后再投其所好，满足对方的心理需要。

　　赵磊的电脑坏了，于是他打电话给电脑维修公司。

　　接通电话后，赵磊问技术员："您好，我的电脑无法上网，应该是某个地方坏了，我想咨询一下是怎么回事。"

　　技术员没好气地说："你必须把电脑带来呀，不检查一下我怎么知道你的电脑哪里坏了？"

　　赵磊对技术员的话很反感，但是为了修好电脑，他只好接着说："我不小心拽了一下电脑的网口，应该是把网口拽松了，所以上不了网，不知该怎么办。"

　　技术员不耐烦地说："那也要先检查一下才知道呀，我又不是神仙，没有未卜先知的能力，不检查怎么知道？"

　　赵磊再也无法忍受这名技术员的态度，于是挂断了电话，又拨通了另一家电脑维修公司的电话。

　　接通电话后，技术员问："您好，请问有什么可以帮助您的？"

　　赵磊回答说："您好，我的电脑无法上网，想咨询一下是什么原因。"

　　技术员问："没问题，先生！很高兴为您服务。请问您的电脑最近有什么异常吗？"

　　赵磊说："是这样的，我不小心拽了一下网口，应该是把

网口搂松了，所以上不了网。我买了一个 USB 网口转换器，使用了一段时间，可是今天又不能上网了。准确地说，现在可以上网，但是网速非常慢，十几分钟才能打开一个网页。"

技术员回答说："原来是这样！您使用的是 USB 网口转换器，网速慢是可以理解的。这样吧，您换一个电脑原装网口，相信上网就没什么问题了。"

赵磊连忙问："那如果换一个电脑原装网口，需要花多少钱呢？"

技术员回答说："花不了多少钱，别的地方我不太清楚，在我们店几十块钱就能搞定！"

赵磊高兴地说："既然是这样，那我明天带着电脑去你们店修可以吗？"

技术员说："当然可以，请问先生您贵姓？"

赵磊回答说："免贵姓赵。"

技术员说："好的，赵先生！请您给我留一个电话号码，稍后我会把我们公司的详细地址和联系电话以短信的方式发送到您的手机上。同时我这里还会做一个备案，以便做好您的接待工作，节约您宝贵的时间。"

赵磊毫不犹豫地说："好，我的电话是……"

赵磊在两家电脑公司咨询的问题是一样的，得到的结果其实也大同小异，最终都是要求赵磊带着电脑到店里维修。不过，第二家电脑维修公司更能满足赵磊的心理需要，告诉他电脑应该怎么修，以及维修需要花费多少钱。赵磊最关心的是电脑维修公司打算怎么修，需要收取多少维修费。第一家电脑维修公司没有满足赵磊的心理需要，表现出不耐烦的情绪，最终错过了这笔生意；第二家电脑维修公司满足了赵磊的心理需要，耐心地解答了赵磊最关心的问题，最终说服赵磊留下联系电话，带着电脑到店里维修。

要让别人喜欢，不妨在回话时投其所好，聊别人感兴趣的话题。聊天时，尽量别以第一人称交谈，而是多说"你"或者"他"，这样你就会发现，对方很愿意跟你接触，也愿意跟你做朋友，你的人际交往自然就会顺畅起来。

分享隐私，瞬间缓和陌生感

从第一次到后续几次见面，更了解对方的个性了，相处上也越来越融洽，你会不会因此感到高兴、放心？你会这么想是因为人类对于自己不熟悉的人、事、物，本能地容易感到恐惧。当对他人有所了解时，自然不会害怕，心情也较能放松。

在沟通的时候通过坦率说出自己的小秘密，也就是对人们表示我们已敞开心扉，如此举动瞬间就能缓和他人的恐惧和警戒心。

下午五点半一到，手里工作已经完成的同事们陆陆续续都回家了，办公室里只剩下素素和叶子。素素拿起电话拨了出去："你下班了吗？晚上几点到家？什么……但是，我今天一大早就已经去早市买好了你爱吃的排骨、带鱼，我还定了个蛋糕呢！你到底什么时候能回家……好吧，好吧……就这样吧！"挂上电话，素素低头抹了抹眼泪，生怕被别人看见。原来，今天是素素的生日，素素一大早就起床去早市买了最新鲜的食材，只想着和老公一起过个生日。不想，老公不但忘记了她的生日，还安排了一个重要的应酬，又要到凌晨时分喝得醉醺醺的才能回家了。想到这里，素素又情不自禁地落泪。她跟老公结婚已经七年了，难道真的到了七年之痒了吗？素素已经厌倦了每天晚上都要在等待中度过的日子。

这时，叶子看到素素伤心的样子，关切地问素素："亲，你怎么了？"

素素赶紧悄悄地抹掉眼泪，反问："下班了，你还没走啊？有什么工作需要帮忙的吗？"

叶子摇摇头，佯装气愤地说："今天的工作早就做完了，但我回家也是孤孤单单一个人。我老公出差了，一年三百六十五天，不是出差，就是加班，要不就是应酬，我几乎每晚都一个人度过，无聊死了。"

听到叶子的话，素素暗暗想道：原来，叶子和我同病相怜啊，她这么爽直，居然把私事都告诉了我。想到这里，素素难免对叶子产生了好感和信任。叶子又问："你今晚有事吗？要是没事，陪我一起去吃小龙虾啊！"

就这样，素素和叶子对着一盆小龙虾，喝着冰啤酒，转瞬之间就成了无所不谈的好朋友。素素不但把自己的烦恼都告诉了叶子，还和叶子一起愤愤不平地声讨起男人来。素素不知道的是，叶子刚才说的其实并非都是真的，只是叶子很善良，看到素素伤心的样子，因而故意把自己的老公说得和素素的老公一样，这样才能名正言顺地陪伴素素度过一个失望的夜晚，也

才能帮助素素倾诉出心中的苦闷啊!

在职场上,很多人都对同事怀着警惕和戒备心理,尤其是作为职场上的老人,更知道办公室不是谈论隐私的地方。所以,大多数职场人士都会清楚地区分工作与私事的关系,也很少与同事说起自己的隐私。叶子当然知道素素的心中所想,也知道素素的顾忌,因而她主动说出自己的苦恼,以此赢得素素的信任,打开素素的心扉,从而帮助素素排遣心中的苦闷。

实际上,叶子使用的交流技巧适用于生活中的很多方面。例如,当你想要亲近一个人的时候,你不妨说一些自己的小秘密,这样,对方原本存在的戒备和防范心理,就会因为你的坦诚而有所减弱。如果你所说的小秘密恰好能够引起对方的共鸣,则对方一定会对你敞开心扉,与你畅所欲言。

生活中,几乎每个人都有自己的烦心事。对于这些难言之隐,性格外向、开朗的人会选择和朋友说,性格内向、敏感的人则会深深地埋藏在心里。殊不知,人是需要发泄的。如果负面情绪一直不停地积压,就会导致人们的心理越来越阴沉,郁郁寡欢。因而,我们应该学会合理地发泄情绪。当然,人际交往中也是最忌讳交浅言深的。倘若交谈中的一方能够以说出一些小秘密的代价拉近交谈对象彼此的距离,那么交谈就会变得更加真诚和放松。水到渠成地,你与他人的交往也会更加亲密无间。

看破不说破，给对方一个台阶下

在日常交谈中，面对别人提出的问题，我们在回话的时候，可以采取系铃自解的策略，绕个圈子，不把话说破，让对方去细细体会，从而明白我们话里的意思。

战国时期，齐威王登基后的三年里，是个十足的昏君，他沉迷于酒色，不问国事。齐国大臣们看在眼里，急在心里，纷纷劝说他，但是齐威王并不听。有些大臣还因劝说过于直白，惹怒了齐威王，掉了脑袋。

面对如此状况，智者淳于髡向齐威王进谏。淳于髡知道齐威王喜欢猜谜语，就和齐威王聊谜语，还打了个谜语给齐威王猜："大王，听说您很爱猜谜语，我有一个很好玩的谜语，您要猜一猜吗？"

齐威王连声说好。淳于髡说："我听说啊，我国有一只大鸟，很是奇特，整整三年里，它一声都没叫过，它的翅膀更是一次都没展开过。到现在，它还是一天天趴在窝里，无所事事、百无聊赖啊。大王您来说说，这只鸟是什么鸟呢？"

齐威王虽然昏庸，却是个精明的人，他听了淳于髡的讽刺和激励后，立刻反应过来，回答说："这只鸟不飞就罢了，一飞必定冲上云霄；不叫也就算了，一叫必定震惊世人。"

齐威王这话并不是随便一说，在淳于髡进谏之后，他改掉了恶习，不再沉迷酒色，开始大刀阔斧地治理国家，终于带领齐国走向复兴。

在这里，淳于髡采用的正是系铃自解的回话策略，即不明说自己的意思，而是非常委婉地绕圈子，让对方去细细体会。系铃自解，其实就是看破不说破，这样可以顾及对方的情面，给对方一个台阶下，不至于闹得彼此不愉快。

一名身材肥胖的妇人走进一家服装店，对售货小姐说："你们这里有没有我穿的衣服？"

售货小姐不假思索地说："大姐，你太胖了，我们店里可没有你穿的衣服。"

就在这时，老板娘进店了，这名妇人马上告状道："我今天运气怎么这么差，想买件衣服而已，却好端端地被人说胖！"

老板娘微笑着赔礼道歉，说："真对不起，我们这个店员刚到城里来，嘴笨，她就会说大实话。"

听了老板娘的话，这名妇人更加生气，扭头就走了。

很显然，老板娘和售货员都不会说话，她们说话过于直接，一点都不顾及别人的面子，以这种方式说话，能把产品卖出去才怪！

在生活中，对于别人的提问，或对于身边人做出的不妥的事情，我们在回话的时候，一定要注意方式方法，正确地运用系铃自解的策略。绕个圈子，让对方去体会你的真实意思是不错的回话方法。在运用系铃自解的时候，要注意这样几点：

一般来说，在大庭广众场合下，回话时就适合采用系铃自解回话术。在私下里，尤其是熟人之间，就没必要采用系铃自解回话术。

在一场足球赛上，皇马队员阿尔杰·罗本因为个人进攻欲望强烈，频频单打独斗，极不配合队友，结果丧失了多次进攻的机会，输了比赛。

在比赛结束后的发布会上，有记者问教练舒思特尔："你怎样评价罗本的表现？"

舒思特尔想了想，说："我想说的是，足球并不是一项个人运动，靠的是团队的合作。所以，比赛输赢不是由某一个人决定的，而是需要整个团队来共同承担责任。"

这番话十分委婉，罗本听到后，感到很惭愧，主动向教练道歉，并慢慢改变了单打独斗的球风。

在大庭广众之下，如果你直接戳别人的痛处，肯定会伤害别人的面子，激起别人的逆反情绪，破坏彼此的关系。只有懂得采取系铃自解的委婉说辞，才能在不伤人自尊的情况下，使人心领神会。

 回话的技术

好汉也提当年勇

　　歌阳是一名报社的记者。最近马上要到国庆节了，报社安排歌阳做一个老革命专版，专门采访那些德高望重的老革命，挖掘出一些不为人知的新故事。即所谓"旧瓶装新酒"，把每年国庆都相似的版面做出与众不同的特色来。接到任务之后，歌阳就开始按照名单登门拜访那些老革命。不过她很纳闷地看到，领导给她的名单上，有个八十多岁的老革命的名字下面，被画上了下划线。歌阳问："领导，这是什么意思？需要特别对待吗？"领导笑着说："这个老前辈脾气有些古怪，轻易不愿意接受采访。如果你能让他接受采访，听一听他口中的抗日战争，你就算捡到宝了。"从领导这里知道这些最基本的信息之后，歌阳心中有数了。她一边按照名单采访那些老革命，一边从各个渠道收集领导所说的那位脾气古怪的老革命的资料。歌阳渐渐知道，这位老革命自从从革命战线上退下来之后，就没有给国家添负担，而是选择回到家乡为人民服务。因此，虽然他在部队里的职位很高，但是现在却默默无闻，过着平淡的

生活。不过，他有一个爱好，就是钓鱼。为此，歌阳精心准备了一副渔具后，就向着老革命所在的县城出发了。

听了歌阳的来意，开门的保姆马上表示推辞，说："叔叔不喜欢被人打扰，请您回去吧。"

歌阳笑着回应："我今天并不是来打扰他的，我想送给他一份礼物，他肯定喜欢。"

保姆半信半疑，去征询老革命的意见，老革命显然有些好奇，因而亲自走到门口。得见泰山真面目，歌阳马上拿出提前准备好的渔具，说："老前辈，我是来陪您钓鱼的。"就这样，歌阳顺利地与老前辈交谈起来。

当歌阳问起老前辈为什么喜欢钓鱼时，老前辈感慨地说："记得那年冬天，敌人把我们逼入绝境，队伍在深山老林里转来转去，缺衣少食。突然间，我们发现了一个池塘。因为天气寒冷，所以大家都不敢下去摸鱼。我就找来一根竹竿，又挖了很多蚯蚓，开始钓鱼。不想，那个深山里的池塘也许是因为人迹罕至吧，所以有很多鱼。我就用最粗糙、简单的工具，钓上来足足十几条鱼，每条都有几斤重，最重的那条差不多得有十斤。在那个年代，这可是人间美味啊！炊事员用这十几条鱼，给我们熬了一大锅鱼汤，那是我这一辈子喝到的最鲜美的鱼汤啦！"说完，老前辈眼圈都红了，似乎又回到了那个艰苦卓绝的年代。

歌阳感慨地说："那个年代创造了多少奇迹啊。您一定很想念您的战友吧！这么多年过去了，您和曾经同生共死的战友又见过面吗？"歌阳的这个问题再次把老前辈带入沉思，他平静下来之后，给歌阳讲述了很多关于抗战的故事，也表达了想要与战友重逢的迫切心情。老前辈的心愿给了歌阳启示，她向报社申请把这些老前辈都集合起来，让他们进行一次新中国成立六十周年的大联欢。结果，这个义举在当地引起了强烈反响，报社也一炮而红。

曾经在战场上的浴血奋战，已经习惯了和平盛世的老前辈显然不想再提往事。但是，歌阳的一根鱼竿，打开了老前辈的心门，让老前辈开始回忆起那些与战友们一起经历的艰苦卓绝的岁月。的确，有些记忆只是被尘封，却丝毫不曾褪色。就这样，歌阳申请报社举办革命同志的聚会，最终把原本按部就班的国庆节过得风生水起，在当地引起了热烈反响。这一切，都是因为歌阳给了老前辈一架"梯子"，让老前辈想起了那些经风历雨的血色岁月。歌阳也给了老前辈一个机会，回忆他们的战友情深。

人们常说"好汉不提当年勇"，其实很多好汉都很愿意提一提当年勇，尤其是在想起自己曾经的辉煌岁月时。毫无疑问，歌阳回话的切入点是非常独特的，所以才能顺利地让老前辈接受采访，并且诉说起来意犹未尽。在我们不太喜欢说话的人沟通或者遭受拒绝时，我们不妨就他最得意的事情给予回应，给他充足的时间尽情地回忆和讲述。人的情绪总是有感染作用的，当他兴致盎然时，你也就能与他顺利地交谈，甚至还会让他对你们的交谈意犹未尽呢。

站在对方的角度回话

生活中，有诸多不快、矛盾的发生，未必都是因为复杂的原因。在解决的时候，也未必需要大动干戈。其实，只要我们在沟通中多一些思维转换，在回话中多一些换位思考，就能轻松达到相互理解，意见统一。

卡耐基曾租用一家酒店的大堂作为培训课的教室。有一天，他突然接到酒店通知：租金要提高一倍，否则，就不租给他。对于酒店单方面上涨租金的做法，卡耐基是这样回话的："我接到通知，虽然有点震惊，不过这也不能归罪在你的头上。因为你毕竟是酒店的员工，为酒店谋求更多的利益是你的职责。"

但是接着，卡耐基拿出纸和笔，当着酒店经理的面，给他算了一笔账："如果我不再租用礼堂，而是将礼堂用于举办宴会等，短期内看似盈利会变多。但这只是短期效果，参加我的培训课的都是各个知名企业的管理人士。你撵走了我，也等于把这些社会精英拒之于门外。想想看，有这些精英人士为你们的酒店做宣传，这可是上万元的广告都无法达到的效果。现在

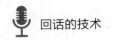

你再来看，哪一种情况对贵酒店更有利呢？"

最后，酒店经理表示只上涨 20% 的租金，而这是卡耐基能够接受的租金上涨幅度。

卡耐基为什么能成功说服酒店经理呢？因为他懂得换位思考，懂得说"如果我是你，我也会这么做"，这表明他已经完全站到了酒店经理的角度。然后，设身处地地为他分析涨一倍租金带来的利弊，最后使酒店经理心甘情愿地把天平砝码加到卡耐基这边。

老陈开了一家副食品商店，李大嫂来买牛奶。

李大嫂："老陈，你家的牛奶什么价？"

老陈："60 元。"

李大嫂："那么贵？什么牛奶？"

老陈："这是本店最好的牛奶，最上档次的 ×× 牌牛奶。"

李大嫂："太贵了，有没有便宜点的？"

老陈："便宜的不好喝，还是买贵的比较好！"

李大嫂："我不是自己喝，我买来送礼的。"

老陈："送礼的就更要贵的，太便宜的怎么拿得出手？"

李大嫂："算了算了，我去别的地方买去！"

在这段对话中，老陈作为商店老板，在顾客买东西时他没能做到换位思考，一味地推荐最贵的牛奶，最后气走了顾客。这个例子告诉我们，换位思考真的很重要，不懂换位思考，就很难和别人站在一条水平线上沟通，意见也就不可能达成一致。

因此，要想做出漂亮的回话，要想别人因你的回话而接受你的意见，那么，一定要学会换位思考去回话。

面对别人的提问，有时候我们可以不直接作答，而是转换思维，间接用真实的事例去回话。比如，假设你是一名推销员，在你推销产品时，顾客问你："你们的产品质量怎么样？"你可以这样回答："我的邻居已经用了四年，现在仍然很好用，在使用期间没有出现过毛病。"这就是转变思维去回话的表现。

按照以往的回话思维，很多销售员碰到这个提问时，往往回答："我们的产品质量很好，获得了国家×××质量检测机构的权威认证。"这样的回答是苍白无力的，因为所谓的"权威机构"，与人们的距离太远了，对大家做出购买决定没有说服力。最有说服力的是从我们身边，找出活生生的例子来佐证。这样比你直接回答产品质量多好更有说服力，更令人深信不疑。

在回话时，面对别人不同的意见，或别人没有给出明确回答时，高明的回话者往往懂得假设："如果你同意了我的观点，你会希望我做什么？"也就是说，在假设别人同意了自己观点的前提下做出进一步的回话。这样就跨过了沟通的模糊地带，直接迈入了下一阶段。

在沟通中，面对对方没有做出明确答复的问题，我们可以假设对方默认了。在这个基础上，我们可以做出下一步回话，而不是继续纠缠于上一个问题，追问对方："你觉得怎么样？你同意吗？如果你同意，那么我就……"这样回问对方，也许

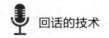

对方会做出否定性的回答。当然，如果对方根本不同意，那么
当你在假设他同意的前提下去回话，引导他做出下一步决定的
时候，他自然会提出异议："我还没同意呢！先不要把内线电
话跟外线接上。"

卖个关子更能吸引注意力

　　有些人说话，平铺直叙，毫无波澜和悬念，听到了前面，就能猜出结尾；而有些人说话恰好相反，有意地卖个关子、埋个悬念，激起听者的兴趣。比如，说书人在说长篇故事时，每次总在说到重要关节处打住，就会来一个"请听下回分解"，或留出一个疑问，然后说"这回就讲到这里"，有意地吊人胃口，这就是常用的设置悬念去。

　　在回话的时候，适当地设置悬念，可以吸引对方集中注意力去听你讲话，有利于取得更好的回话效果。卖关子，大家都知道，就是说到紧要处，故意停下来，借以吸引别人往下听。很多导游就喜欢用这一招，他们在向游客介绍风景的时候，就会先设个问题，给人思考，过了一段时间，再告诉大家答案。这样往往容易收到更好的效果。

　　有位导游带领一群游客游览少林寺。有一名游客见少林寺有很多座塔，就问导游："少林寺里有多少座塔？"

　　导游没有立即回答。而是说："当年乾隆皇帝游少林寺的

131

时候，曾带 500 名侍从数塔，但是没有数清楚到底有多少座塔！"

　　说到这里，导游停顿了一下，又接着说："为什么 500 人也没有数清楚呢？"

　　说完后，导游又停顿了，他问大家："大家数一数，看能数清楚不？"

　　过了一会儿，导游说："给大家一个准确的数字吧，现在少林寺一共有 255 座塔。当年 500 人数也没数清楚，是因为这里古木参天、野草丛生，导致很多塔看不清，数重复了，或漏数了。"

　　游客们听了这话，由衷地发出"原来如此"的感叹。

　　这位导游在介绍风景的时候，采取的就是卖关子、设悬念的策略，故意提问，故意拖延回答，让大家思考一下再作答。这样人们在听了最后的答案时，往往有一种意外的感受。

　　有时候，有些话，碍于人情面子，当面直说不太好，装聋作哑不说，又会引起别人的不愉快。这个时候，不妨采取吞吞吐吐的回话术，故意表现得欲言又止，说不出口，让对方知道你有难言之隐，或说出来的是不好听的，这样他们就会有心理准备接受不好的消息了。在这种情况下，当你说出不好的消息时，对方由于事先有了心理准备，也就比较容易接受了。

　　古时候，有一个县令画了一幅"虎"图，自己感觉发挥得不错，便把县衙的衙役们都召集来一同欣赏，县令问道："本官这幅《猛虎下山》画得怎样啊？"

众人看着这似虎似猫的画不知如何开口。见众人都闭口不言，县令便随手一指，点了一名衙役："就你吧，你来说说。"这个衙役哆哆嗦嗦地说："老爷，我有点怕。"

县令："你怕什么啊？"

衙役："我怕……"

县令："到底怕什么啊？快说！"

衙役："我怕老爷！"

县令："怕我什么？"

衙役："怕你打我！"

县令："我怎么会平白无故打你呢？快说我的虎画得怎么样，我保证不打你。"

衙役："老爷一诺千金，说话可是要算数的。"

县令："当然。"

衙役："……"

最后，这名衙役才对那幅画做了评论，虽然他的评论不怎么好听，但是县令并没有惩罚他。这是因为之前他欲言又止，无形中诱使县令答应不打他，这才为他避免了一场灾难。

在生活中，我们也可以运用这一招回话，比如，别人问你一个问题，你吞吞吐吐："这个……这个……哎呀，叫我怎么说呢……"这样对方往往会鼓励你："没事，你别有压力，想怎么说就怎么说，我能承受得住！"通过这种欲言又止的表达，让人做好思想准备，准备听进去一些不太容易接受的话。

反问，变回答为提问

"围魏救赵"，讲的是战国时期，魏国发兵攻打赵国，赵国告急，请求齐国援救。齐国军师孙膑献计献策，提出发兵攻打魏国都城，迫使魏国撤兵回救，然后齐国在魏军回都的必经之路上设下埋伏。最后，齐国大破魏军，解救了赵国。

围魏救赵是一种十分高明的救援策略，按照我们的常规思维来看，赵国被魏军围困，要想救援赵国，肯定要赶走围困赵国的魏军。可孙膑偏不这么想，他采取逆向思维，把矛盾指向魏国的国都。因为魏国国都一旦陷入危机，进攻赵国的魏军必然撤回去。如此，同样可以达到救赵的目的。

在交谈中，面对别人不怀好意抛出来的提问，我们可以不直接作答，而是绕过对方的问题，给对方提出一个问题，让对方陷入被动。

在交谈中，当我们面对别人的刁难时，切忌丢盔弃甲，投降认输。哪怕对方的问题真的很难回答，我们也不必沮丧。因为交谈并非考试，并不是别人问了我们什么问题，我们就必须回答出来。我们完全可以变回答为提问，把他提出来的问题还给他，让他作答。

对于别人所提的带有刁难性、侮辱性等不友好的问题时，我们可以毫不留情地予以反击。比如，在我国外交部的一次记者招待会上，针对台湾局势，一名外国记者向中国外交官发问："请问，针对两岸的紧张关系，贵国政府会采取什么措施来应对呢？"我国外交官镇定自若地说："请各位放心，我国完全有信心解决这些问题与争端。不过，我倒是听说，最近贵国的反政府运动正酣，贵国政府将如何应对这种情况呢？"就这样，我国外交官通过毫不留情的反问，把难题抛给了对方，令对方猝不及防。

对于别人所提的难题，如果对方丝毫没有恶意，只是和我们交流，那么我们大可不必对他横眉冷对，不妨以友好的态度向对方请教。具体做法是，先不承认自己不知道，也不说出自己的答案，而是问对方 '你是怎么看的呢？"

甲说："你知道天上有多少颗行星吗？"

乙不知道这个问题的答案，但也没有承认，而是说："哦，这是个有趣的问题，请问你知道吗？"

甲说："我当然知道了，不然我问你干吗呢！"

乙说："既然你知道，干吗还要考我呢？直接告诉我答案就行了。"这实际上是承认了自己不知道那个问题的答案。

如果甲说："我不知道啊，知道我还问你干吗？"

　　乙就说："你都不知道，我哪知道啊！"如此一来，他又巧妙地承认了自己不知道。

　　值得注意的是，在反客为主、变答为问的时候，你所反问的问题，最好应该是对方问你的问题，这样才具威慑力。如果你问的是与原话题无关的问题，那么一方面对方会感到莫名其妙，另一方面如果这个问题没什么难度，对方回答出来了，那么原来的难题最终还落在你的身上，你还是没能摆脱难题的纠缠。因此，就把对方的问题抛给对方，看他怎么回答。如果对方不肯回答："我为什么要回答你？"那么你也可以说："那我又凭什么回答你呢！"如此一来，难题就被你摆平了。

殊途同归，别忘了你的立场

　　在生活中，有些人回话时不喜欢明说自己的意见，总是把自己的结论隐藏在委婉的说辞中。这种回话方式经常产生误解，从而影响到整个沟通。

　　曾经有段时间，张先生在胡校长的驾校当教练。因此，张先生与胡校长有些交情。这天，张先生的儿子准备报名考驾照，张先生表示可以找胡校长给他便宜一些学费。于是打电话给胡校长咨询报名费的事情。

　　张先生："老胡，现在驾校的报名费是多少？"

　　胡校长："现在报名费是 4500 元。"

　　张先生："我儿子想学驾照，给我便宜点怎么样？"

　　胡校长："这件事等我忙完了再说，我正在外面呢，接电话不太方便，要不你明天再打电话给我。"

　　第二天，张先生又给胡校长打电话，胡校长说："我好忙啊，现在没空，要不你让你儿子自己来报名！"

　　张先生还不明白胡校长的意思，兴奋地对儿子说："你直

接去报名，就说胡校长给你减了 500 元，交 4000 元就行。"

儿子去了报名处后，说明了来意，被对方拒绝了。

在这个例子中，张先生的"不知趣"让人甚是无奈，胡校长两次以"忙"为借口来转移话题，明摆着就是不想给他便宜学费，可是张先生似乎没明白对方的意思，居然让儿子抱着希望去报名。当然，相比于张先生的"愚钝"，胡校长更是可恶，因为他的回话中没有一句结论性的话，没有表明态度：可以便宜，或不可以便宜；如果可以便宜，能便宜多少。

几天之后，张先生找到该驾校的副校长，问他能不能给便宜点学费。

副校长说："前不久，驾校召开了会议，出台了一项制度，制度规定：无论谁来报名，都不允许在报名费上讨价还价，不再给熟人、亲属开后门。这一举措是为了保障驾校的利益，因为驾校的股东对驾校以往私自给人优惠的行为很不满。"

张先生："哦，原来如此啊，有制度规定，那是要遵守。"

副校长："是啊，所以我们不是不帮忙，是真的没办法帮忙。"

张先生："理解理解，没关系的。"

同样是回话，副校长的回话就很直截了当。先说出了困难，最后做出结论：不是不帮忙，而是没办法帮忙。这就是他的结论，张先生听了这结论，很知趣地退去。这就是回话有结论的好处。

凡是有逻辑有条理的谈话往往都会得出结论，但结论不能下得太早，否则很容易引起对方的反感。

甲乙丙三人商讨公司的发展战略，甲表示想找投资商，扩大公司的经营规模。见乙和丙没有表态，就问乙："你的态度是什么？"

　　乙："绝对不能贸然扩张。"

　　甲不高兴地问："那你想怎么样？"

　　过了一会儿，甲问丙："你对这个问题有什么看法？"

　　丙："让我们来看看现在的情况……"

　　甲："是这样的，你分析得很有道理。"

　　丙："这就是我的态度，希望公司能够坚持稳健的发展计划，不急于扩大规模，以降低风险。"

　　甲："嗯，我也赞同。"

　　在这段对话中，乙由于开门见山地给出结论，引起甲的不愉快。而丙先讲自己的观点，再慢慢引出自己的结论，相当于是在结论之前，做足了铺垫，轻松地赢得了甲的赞同。由此可见，回话要有结论，但不要一开始就下结论。

　　早上一进办公室，林玲见同事文艳正拿着一块抹布擦桌子，顿时，她的目光就聚集在那块抹布上，发现那块抹布和自己的抹布一模一样，都是蓝色的，都是正方形的。平时文艳和林玲不分彼此，很多东西经常共用，何况一块抹布呢？

　　正在林玲盯着文艳的抹布时，文艳说："林玲，怎么了？看什么看得这么入迷？"

　　林玲笑着回话道："我的抹布什么时候跑你那儿了？"

　　文艳回答得十分委婉："你如果用，可以借给你。"

　　听到这话，林玲心里一惊：难道自己判断错了？坐到自己的位置上后，她急忙拉开抽屉，发现自己的抹布静静地躺在那里，顿时，她满脸通红。

　　在生活中，我们经常像林玲那样，因为轻易下结论而误解别人，也许有时候能得到别人的谅解，但有时候却可能伤害别人，影响彼此的关系。因此，回话一定要三思而后行，要先找到确切的依据，再说出你的结论。以林玲为例，她完全可以先打开自己的抽屉，看自己的抹布在不在，就可以避免不必要的误解了。

第七章
含蓄节制，委婉回话

用弦外之音避免尴尬

在交流中，有时候对方抛出的问题实在是难以回答，为了避免尴尬，可以巧用弦外之音来回话。

所谓"弦外之音"，其实就是言外之意，指的是话里暗含着的没有直接说出来的意思。它是我们在日常生活中以及在特定场合下经常使用的一种说话方式。

在许多场合，有一些话不好直说，更不能明说，所以人们就要旁敲侧击、绕道迂回，用一些含有言外之意的话来表达自己的意思。这些话可能是一语双关，可能是曲笔影射，可能是委婉暗示，也可能是活用词义。

有一个年迈的鳏夫，想和儿子谈续妻的事，可是又不好意思开口。思来想去，他想出一个主意。于是，他对儿子说："晚上一个人睡觉太冷了。"儿子没明白他的意思，给他买了个热水袋。他又对儿子说："总觉得后背很痒，自己又够不着抓痒。"儿子又给他买了一根挠背杆。一天，他的孙子要结婚了，老人抱怨说："还让他结婚干吗呀，给他买一根挠背杆和一个热水袋就行了。"

　　老人的儿子未免反应太过迟钝了，他一直都没明白"晚上一个人睡觉太冷了"和"总觉得后背很痒，自己又够不着抓痒"不过是老人家的弦外之音。

　　相比男士，女士更懂得用弦外之音与男士交流。这与女士与生俱来的羞涩有很大关系，羞涩让她们羞于启齿，只好通过弦外之音来表达自己的意思。即便是女强人，骨子里也是柔弱的，爱上一个人时，可能会百依百顺，也可能会因为羞涩说出令人不解的话。

　　当男士手头的工作太忙，忽略了女士的存在时，情商低的女士会说："你总是那么忙，也不知道陪陪我。"而情商高的女士却会说："你忙吧，我一个人玩，就不打扰你了。"一般情况下，聪明的男士都能明白女士这样说的含义，就会及时停下手中要忙的事情。

　　当女士喜欢一个人时，很难做到主动表白，取而代之的是一声令人费解的"讨厌！"一般情况下，女士对男士说"讨厌"，实际上表达的是"我喜欢你"。在喜欢的人面前，女士越说"讨厌"，表明喜欢的程度越深。不过，这也不是绝对的，要具体情况具体分析，女士想用"讨厌"表达喜欢之意，需要伴随着几个动作：掐男士的胳膊，捶男士的背，一脸嗔笑。假如这几个动作都没有出现，只是一本正经或生闷气地说"讨厌"，可能真的是不高兴了。

当女士问男士"你在干吗",很可能是因为女士太思念男士了,想知道男士忙不忙,有没有时间陪自己聊聊天。其实,这句话真正想表达的是:"我想你了,不管你在干吗,陪我聊聊吧!"

当女士对男士说"我觉得你不爱我了,咱们分手吧",大多数时候是女士为了试探男士,未必真的要分手,只是想让男士多给她一些关心,让男士紧张一下。

当女士对男士说"你先走吧,我想一个人静一静",实际上并不是让男士走,而是等待男士道歉。因为女士这样说往往意味着男士做了什么错误的事情,没有真正地读懂她。此时,男士最应该做的不是离开,而是在她身边多陪陪她。

女士还有很多弦外之音,比如,对男士说"我想我真的不适合你",其实是在说"我根本就不喜欢你";对男士说"其实你人真的很好",其实是在说"但是我不想和你在一起";对男士说"你真的很可爱",实际上是说"你这人太幼稚了"。

避重就轻，刺耳的话虚着说

实话实说固然没错，但有时候，实话虚说反而能收到更好的效果。正如台湾作家刘墉所言："虚说的话基本上还是实话，只是说得不够精确。很多人采用这种方法，既没撒谎，又避免了尴尬。"

宋海和刘芳正在谈恋爱，刘芳知道宋海以前谈过恋爱，就问他："我是你第几个女朋友？"宋海看着刘芳的眼睛，柔情地说："你是我的最后一个女朋友！"一句话，说得刘芳心里美滋滋的。

对于刘芳的问题，宋海如果回答具体的数字，难免会让自己陷入尴尬的境地。所以他用"最后一个"来应对，既回答了问题，又取悦了对方。对自己的恋人说她是自己最后一个女朋友肯定是实话，但用来回答"有几个女朋友"这样的问题显然很虚，但也不得不承认，这种"虚"也是女朋友希望听到的。

有个著名的节目主持人在生活中很低调，还经常坐地铁上下班。因为经常在电视上主持节目，坐地铁的时候难免会被人追问："你是电视台的那个主持人吗？"刚开始，主持人很礼

貌地回答："是！"结果，每次回答完，都会有很多同车厢的人
上来索要签名，时间久了，他感觉吃不消了。后来，他想出了一
个好办法。这一次，又有人上来问他："你是电视台的主持人吧？"
他笑着说："呵呵，大家都这么说。"乘客听完，误以为对方只
是和那个主持人长得很像，也就没再纠缠，自动离开了。

面对热情的乘客，主持人因为实话实说，结果给自己带来
了不小的麻烦。可身为公众人物，也不能当着大家的面说假话，
索性就用一句半真半假的"虚话"来应对。不得不承认这名主
持人很聪明，他巧妙利用了"大家都这么说"这句话的歧义，
误导了大家的思维。这样一来，他既没有撒谎，也避免了不必
要的麻烦。

有位美国学者来北京访问，分别参观了北京大学和清华大
学。访问结束后，他在一家酒店接受中外媒体的采访，其间有
名中国记者问道："教授，请问在你眼里，北京大学和清华大
学哪个更强一些？"

这位学者略加思索，微笑着说道："北京大学的人文学科
很棒，出过许多著名的文学家、外交官，他们的学术传统严谨，
学术氛围也很自由；清华大学的理工科很棒，把理工科的任何
一位教授放到其他一流大学，照样都是顶尖级的。这两所大学
都有很多值得我们学习的地方。"

很显然，对于记者这样的问题，肯定不能生硬地直接回答。
因为不管说谁好，都会遭受来自另一方的质疑，而不回答又显

得不礼貌。这位学者表面上对记者的提问做了回答，但其实只是说了大家都知道的"虚话"，没有对两所学校的综合实力进行评比，而是针对它们各自的优点进行了赞美。问的人处心积虑，说的人避重就轻，听的人也无从挑剔。

2014 年的黄磊可谓意气风发，先是他主演的电视剧《我爱男闺蜜》在国内热播，广受好评，紧接着他和女儿参加的《爸爸去哪儿 2》更是让他赢得了"黄小厨"的称号。有记者就问他，在现实生活中，他是不是也是"男闺蜜"的形象，黄磊笑着说："最近几年，'女汉子''男闺蜜'盛行，在我看来，这就是一个包装，柔弱才逞强，自信才示弱。"一句话，赢得了记者们的热烈欢呼和阵阵掌声。

记者问这样的问题自然是想从黄磊嘴里知道究竟"是"还是"不是"，但黄磊没有直接回答，而是巧妙地把大家的注意力转移到社会的普遍现象上。这样一来，具体问题就变为"虚化"的普遍性问题。紧接着，黄磊用一句颇有哲理性的话"柔弱才逞强，自信才示弱"引人深思。这样，他既表明了自己的态度，也塑造了自己自信、有担当的正面形象。

不管我们再怎么强调实话实说的重要性，都改变不了"说者无心，听者有意"的现实，所以，为了不给自己招惹麻烦，最好还是实话虚说，即把具体问题笼统化，从而让对方无法从你的话里找碴儿。既然是虚话，就很容易变得啰唆，进而给人一种不真诚的感觉，所以用的时候，还须注意场合、分寸。

实话实说不如巧说

并不是什么实话都能受到大家的欢迎，某些回话的时候，实说不如巧说。实话巧说是换一种巧妙的表达方式，避开对自己不利的因素，让事物沿着自己期待的方向发展。

中央电视台推出过一个叫《实话实说》的栏目，一经播出，深得广大观众的好评。每个人都对说假话的人很反感，渴望实话实说的社会环境。可是，只知道实话实说，却不注意时间、地点和场合，很可能会出语伤人，于不知不觉间激怒别人。

实际上，在生活中或职场上，尽管我们无可避免地要和同事、领导、朋友讲实话，可是怎么表达却是一个大学问。事实证明，并不是什么实话都能受到大家的欢迎，也并不是什么实话都可以随心所欲地往外说。很多人之所以吃了很大的亏，就是因为实话实说，犯了他人的忌讳。

一个男子非常痛苦地捂着脸走进药店，询问营业员："有没有治疗牙疼的速效药啊？"营业员找出一种药，对男子说："这是做过大手术后的特效药，可以缓解癌症带来的痛苦。"听过这话，男子勃然大怒，厉声喝道："你会不会说话呀？我只是牙疼而已，你给我推荐什么大手术后的特效药干什么？还说什么缓解癌症带来的痛苦，难道你在诅咒我得癌症吗？"

有句俗话叫"一句话说得让人笑，一句话说得让人跳"。即便是表达同样的意思，表达方式不同，产生的结果也会大相径庭。案例中的男子之所以大发雷霆，就是因为营业员推荐药时犯了男子的忌讳。很显然，营业员没什么恶意，他的本意是说，这个药连做过大手术和得了癌症的人都能治，何况是一个小小的牙疼呢。可是，营业员没有注意说话方式，和病人沟通时只是实话实说，却不懂得实话巧说的妙用，最后在无意中得罪了病人。

可见，与人沟通，需要掌握一定的沟通技巧，与其实话实说，不如实话巧说。无论是和老板还是和同事沟通，实话实说都可能会让事情变得更加糟糕，而实话巧说却有助于同事间的和睦相处。

在一次突发事故中，主抓生产的王大帅被机器夹了一下手，只得躺在医院里接受治疗。人事部主管刘彪来病房看望他，说起车间工人陈亚磊和杨得意。

刘彪说："陈亚磊和杨得意这两个人，技术水平过硬，可是纪律观念很差，不服管教，我准备让厂长把他们辞退了。"

听了这话，王大帅捧着手一脸痛苦的表情。

刘彪忙问："怎么了，手很疼吗？"

王大帅点头说："没错，简直太疼了，真想把手锯掉，就不用受这份罪了。"

刘彪责怪他说："我看你是傻了，不就是受了点轻伤嘛，怎么能把手锯掉呢！"

王大帅说："没错，你的话很有道理。看来咱们平时看问题很容易只注重其中一个方面，却在不知不觉中忽视了另外一个更重要的方面。刘彪呀，既然我的手受伤了需要治疗，那你看陈亚磊和杨得意这两个人，还能不能再教育一下。一定要辞退吗？"

刘彪终于明白了王大帅的话，答应道："你放心，我不让厂长辞退他们了，再给他们一个机会。"

王大帅没有实话实说，而是实话巧说，先指出手被夹不能把手锯掉，然后引申出员工有问题不能把员工辞退，把治病和教育人结合起来，既没有伤了两个人的和气，又为公司留住了两个人才。

相信大家都有过面试的经历，在面试时，主考官最喜欢问的一个问题就是"你为什么离开上一家公司？"回答这类问题时，一定要把握说话的分寸，因为这是通过面试的最关键一环。

有些人口不择言，对面试官实话回道："因为那家公司的工资太低了，很难保障我的基本生活。""因为我和那家公司的领导产生了矛盾，我看不惯他那种管理方式。"虽然坦率直言可以准确地表达你的个人所需，同时给用人单位留下一种诚实的印象，但是没有哪个公司会置公司的利益于不顾，只因为你是一个实话实说的人就贸然录用你。因为抱怨工资太低，会给用人单位一种你在拿他们公司做跳板的感觉，一旦有了更好的工资待遇，或有更好的公司挖墙脚，你还会选择跳槽。

一项调查表明，在面试的过程中，那些实话实说的面试者往往会提出人际关系处理不好、收入达不到期望值、工作压力太大、和上司无法和睦相处等辞职理由，用人单位听了这些辞职理由，往往会觉得这是求职者本人的原因，而不是用人单位的原因，因此不愿意录用求职者。

你要明白，一份好的工作背后，肯定有很多颇有实力的竞争对手，如果你实话实说，很可能会被用人单位放到最后考虑。相反，如果你懂得实话巧说的智慧，巧妙地回答用人单位提出的问题，一定能在求职的过程中为自己加分，得到用人单位的认可。

总之，与人沟通时，一定要时刻谨记：实话实说不如实话巧说。实话巧说未必是不讲诚信，而是换一种巧妙的表达方式，避开对自己不利的因素，让事物沿着自己期待的方向发展。一个高情商的人，一定能体会实话巧说具有怎样的分量，也一定能明白实话实说不如实话巧说。

直言相告不如开个玩笑

　　许多人都抵触他人直言相告的行为，尤其是那些固执己见的人，更不容易接受他人的直言相告。如果你直言相告，很可能会使双方弄得脸红脖子粗，最后不欢而散。那么，怎样才能让对方接受你的建议，又让他觉得你不是在故意为难他或不给他面子呢？非常简单，把你的回答幽默地表述出来。

　　如果你能够通过幽默的方式，把你的建议表述得委婉一些，让对方在一笑之间明白你的建议的合理性，既可以让他接受你的建议，还能够让他领略到你的善解人意和机智幽默。

　　在一次相声表演中，两位演员进行了这样一段对话：

　　逗哏："你有没有发现啊，只要是学生，他们的胸前都插着笔，这是为什么呢？"

　　捧哏："那是学生的日常用具，不能离身！"

　　逗哏："你看那衣兜里插一支钢笔的，是……"

　　捧哏："是中学生。"

　　逗哏："插两支钢笔的呢？"

捧哏："是大学生。"

逗哏："插三支钢笔的呢？"

捧哏："是研究生！"

逗哏："那么，插四支钢笔的呢？"

捧哏："那是卖钢笔的！"

在这段对话中，乙通过前面几次回答，利用听话者递增性的心理预期，在最后一句回话180度反转，制造了极大的反差，让人产生出乎意料的趣味感，这就是幽默回话的效果。虽然幽默在回话中能起到很好的效果，但如果用得不恰当，则幽默效果大减。

面对别人的提问，你本来应该一五一十地回答，但你偏偏绕开话题，回答出看似与答案无关的话。但细想之后，发现这个回答又是有道理的，这样就很容易制造幽默感。

一个行人问路边水果摊的老板："劳驾，请问去公安局的路怎么走？"

水果摊老板说："很简单，你用石头把对面商店的玻璃砸烂，十分钟后，你就可以到达公安局。"

水果摊老板似乎是答非所问，他并没有具体回答去公安局的路线，却提供了一个到达公安局的可行办法：你只要制造事端，自然有人会送你去公安局，这就是声东击西的幽默回话法。

面对有些事情，如果直接发表意见不太合适，容易让人产生误解或不愉快，这个时候可以通过婉言曲说的方式制造幽默，

委婉地表达自己的观点和意见。

约翰先生到了洛杉矶出差，傍晚，他还没找到过夜的地方，于是他走进一家小旅馆。

"一个单间带供应早餐要多少钱一晚上？"他问旅馆老板。

"不同的房间价格不同，二楼房间一晚 150 美元，三楼房间一晚 120 美元，四楼房间一晚 100 美元，五楼房间一晚只要 90 美元。"

约翰先生考虑了几分钟，然后提起箱子就走。

"先生，你是不是觉得价格太高了？"老板问。

"不，"约翰先生回答，"是您的房子不够'高'。"

很明显，约翰是觉得旅馆房间太贵，但他没有明确说出来，而是用一句"是你的房子不够'高'"来回应，言外之意是：你的房间环境质量不够高，配不上你房间的价格。这种委婉的回话，既显得幽默，又能避免直接说"你的旅馆房间太贵了"，给旅馆老板造成不快。

在回话中，如果有意制造误解，把听众引入想当然的误区里，当大家认为答案就是这样时，你却突然公布真实答案，在强烈的对比和差距下，就会产生强烈的幽默感。

有个小伙子说："昨天在大街上，我看见了一个漂亮的姑娘。"

朋友问："真的吗？那你有没有和她打招呼？"

"我与她素不相识，怎么可能跟她打招呼呢！"小伙子说。

"既然没打招呼，那岂不是错过了结交她的机会？"朋友问。

"虽然我与她素不相识，但她却主动和我说话了。"小伙子说。

朋友吃惊地问："你可真走运，那个漂亮姑娘和你说了什么？"

"她说，帅哥，要不要发票？"小伙子说。

小伙子的回话就很有幽默感，通过讲述使朋友在心理上预测他有了艳遇，可是当他把姑娘对他说的话说出来时，竟然完全在听者的预料之外。这样话语便表现出了幽默。这就是有意制造误解所形成的幽默感。

幽默是一种智慧，更是一种语言的艺术。在交谈中，善用幽默来回话的人，可以让大白话变得更有深度和寓意，从而达到使人深思的听觉效果。一个善于运用幽默的人，一定是受人欢迎的。英国著名戏剧家莎士比亚说过："幽默和风趣是智慧的闪现。"法国作家雷格威更是断言："幽默是比握手更进步的一大文明。"因此，学会用幽默来回话很重要。

用含糊法做个无效回答

　　所谓"打哈哈"，就是用一些没有实际意义的话去做非实质性的回答。打哈哈是一种无效回答，即回答了就等于没回答一样，因为听者根本听不出回话者明确的意思。

　　打哈哈并没有什么不对，相反，有时候还是对自己进行保护、对他人实现思维控制的有效策略。然而，打哈哈的方式方法千变万化，有些人的打哈哈却几乎就是赤裸裸的拒绝，比较容易引起别人的反感。

　　甲："喂，今晚你要到哪儿去，有什么好事呀？"

　　乙："没什么事。"

　　甲："喂，听说小刘又换工作了。"

　　乙："呵呵，听谁说的？"

　　以上两例，就是典型的"无效回答"。但无效回答并非完全无效果，因为不回答有时候也是一种回答，比如，上面乙回答"没什么事"，表达的态度是"我不想告诉你"；乙回答"呵呵，听谁说的"，表达的态度是"我也不知道"。

一般来说，无效回答分为纯无效回答和有效回答。纯无效回答是，从回话中你根本看不出对方的答案。

有一次记者招待会上，一名外国记者问陈毅："中国的核武器进展如何？是不是已经制造了第三颗原子弹？那这颗原子弹又会何时爆炸？"

陈毅回答道："中国爆炸了两颗原子弹，我知道，你也知道。如果我们制造了第三颗原子弹，那肯定也是要爆炸，等爆炸结束，你就会知道时间了。"

在这里，陈毅就运用了纯无效回答与日本记者打哈哈，说一些没有实际意义的话敷衍。

有效回答是指表面上看没有直接回答，实际上却有很深的含义，需要听话者去领悟才能明白。

在一次足球比赛中，马拉多纳在一次进攻中，手和头并用打进了一粒进球。当时由于裁判在马拉多纳的背后，没有看到马拉多纳手球，于是判这粒进球有效。

赛后，有人问马拉多纳："很多人都认为那个球到底是手球，你怎么看呢？"

马拉多纳回答道："那粒球是由迪戈的手和我的头一起进的。"

单看字面意思，马拉多纳并没有直接回答是手球还是头球的问题，但是仔细一想，马拉多纳很婉转地表示了那粒进球含

有手球的成分。这就是有效回答。

无论是纯无效回答，还是充满含蓄意味的有效回答，都属于无效回话。当我们在遇到尴尬、不想回答的问题时，是进行回击的有力策略。它不但可以帮我们脱离别人问题的纠缠，还能帮我们对别人实施思维控制。

面对别人的提问时，我们可以装聋作哑，故意答非所问。这也是一种无效回答。譬如，一次采访中，央视记者问一名清洁工："你幸福吗？"清洁工答道："我姓曾。"这完全是牛头不对马嘴式的回答，也许有人笑话这名清洁工的文化水平，但也许他是故意装聋作哑，答非所问呢！

无效回话还可以使用含糊其词的方法，含糊其词的回话术有三种，分别是回避式含糊法、宽泛式含糊法、选择式含糊法。

（1）所谓回避式含糊法，是指根据某种场合的需要，巧妙地避开确指内容的方法。例如：

一名外国游客在韶山旅游，参观完毛泽东故居之后，中午吃饭时，他看到店里生意很好，就问老板："如果你们中国的领袖毛泽东还在，你觉得你还能开店经商吗？"

老板娘略微思索，答道："如果没有他，我们全家可能早就饿死了，哪有店可开啊？"

然后她又说："如今，党和国家时时处处都照顾我们这些老百姓，生活越来越幸福啦！"

很显然，外国游客意在引诱老板娘做出真实的回答，而老板娘巧妙地回避了正题，做出了一个无效的回答。

（2）所谓宽泛式含糊法，指的是用含义宽泛、富有弹性的语言传递主要信息。例如，当别人问你什么时候有空，想去你家玩一玩时，你说："我过几天有空，到时候我打电话给你。"这就是宽泛式的含糊法。也许你真的过几天才有空，但也许你并不欢迎对方，这种宽泛的模糊性回答，可以让你有更多的余地。

（3）所谓选择式含糊法，指的是根据办事的不同目的，用具有选择性的语言来表达的方法。比如，学生在课堂上回答不出问题，老师说："你好像没有认真复习，是不是？还是因为紧张，不知道怎么回答呢？"这样就给对方一个台阶，如果老师直接批评："你肯定没有好好复习！"就显得过于武断，而且会让学生很难堪，这就是选择式模糊回话的好处。

得饶人处且饶人

在生活中，有些人或能言善辩，或占据了道理，在交谈中咄咄逼人，在争吵中用词尖酸刻薄，得理不饶人，这种过分争强好胜的行为，往往会给人际关系造成麻烦。戴尔·卡耐基曾经说过："你可能赢得了辩论，但你却输了人缘。"任何咄咄逼人、得理不饶人的话语都带有攻击性，会让对方感觉不舒服，会阻碍正常的交流。

公共汽车上，因为司机的一个刹车，车上一个年轻小姑娘没站稳，不小心踩到一个大妈，小姑娘赶忙道歉："对不起，我没注意！"

大妈张口就说："你这么大的人了，眼神还不好使。我都这么大岁数了，你给我踩坏了可咋整，这不欺负人嘛！"

这话让小姑娘听了怎么都觉得不舒服，刚才充满歉意的她，马上反击道："我说了是不小心踩了你，怎么叫欺负你？"

大妈不高兴了，说："得得得，现在的年轻人可不得了，对长辈一点都不尊敬，一点儿家教都没有！"

小姑娘彻底恼怒了，捏紧拳头就要动手了，幸亏被一旁的乘客拉住了。

在这个例子中，大妈说话是典型的得理不饶人，本来只是一件很小的事情，可是她却斤斤计较，说话尖酸刻薄，导致矛盾激化。

当别人意识到自己有错时，对所犯的错多少有些负罪感，如果我们不分场合、不分轻重，张口就说一些攻击性的话语，一味地强烈谴责，甚至是辱骂别人，就会让对方十分难堪。俗话说得好："得饶人处且饶人。"有些事情，点到即止就可以让别人明白错误，就可以化解矛盾，为什么偏要咄咄逼人呢？

赵明是某公司的"空降兵"，由于管理能力出色，进入公司就担任部门经理。部门里有个下属名叫王林，大家对他的评价是作风懒散，经常迟到早退。过去的部门经理对他都束手无策，只能使用一招，那就是迟到一次罚款一次，可是王林丝毫不在意。

这天，王林上班迟到了10分钟，下午又早离开了20分钟。赵明暗中了解到，虽然王林迟到早退，但是工作效率还挺不错的，而且工作质量挺高的。于是，他把王林叫到办公室，对他说："如果你的时间观念和你的工作效率一样优秀，那么你将成为完美的员工。"

王林听了这句话，感到前所未有的触动，以往上司只是批评他时间观念差，说他是个糟糕的员工。从这以后，王林上班迟到的现象有所改观，但还会隔三岔五地迟到早退。每次赵明

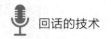

总是笑着对他说："你迟到早退现象比原来好一些了，有进步，值得表扬，希望你继续进步。"

久而久之，王林迟到早退现象越来越少了，最后成为一名十分守时的员工。

"人非圣贤，孰能无过。"对于别人的过错，我们也没必要一句话说死、说过、说绝，例如，有对夫妻吵架，妻子嘴毒，对丈夫说："你根本不是男人。"气得丈夫怒火中烧，说什么也要和妻子离婚，最终，一家人分道扬镳。

在生活中，因为说话说过了、说绝了，不给人留情面，导致人际关系紧张，甚至引发悲剧的案例并不少见。俗话说得好："响鼓不用重锤。"很多时候，我们稍微提醒一下别人，别人就能意识到自己的错误，从而改正自己的错误，完全没必要露骨地抨击。

点到即止，第一个关键在于"点"，点是点醒、提醒，让对方明白我们的意思。如果能够做到委婉，请尽量用词委婉，这样往往比直接"点醒"能取得更好的效果。无论是在回答别人的提问，还是在批评别人的不良行为时，我们都有必要做到见好就收。因为话说多了无益，有时候还会引起别人的反感。说多了，听者听烦了，往往会产生逆反情绪，最后引起对方不愉快。同样，回话的时候也不要唠叨，把该讲的话讲清楚就可以了。见好就收，才能让人意犹未尽。

第八章

书面回话，讲究方法

守时是最可贵的品质

在工作中，我们经常听到这样的回话："你放心吧，我两天后给你回复。"一般来说，这样的话出现在一些不能及时做出决定的事情上。例如，求职找工作时，公司上司对求职者说："简历已经收到，三个工作日内给你回复。"再比如，客户收到你的产品资料或合同，然后回话说："资料（合同）已经收到，两天后给你回复。"

听到这样的回话之后，我们一般都会耐心地等待，等待对方在说好的时间内回复我们，可是我们等到最后，往往等到的是失望。因为对方说好了在两天内回复并没有兑现，有可能对方早就忘了这件事。

总经理有一个很急的材料要写，于是与副总经理商量如何完成。副总经理说，可以让员工秦风来办这件事，因为秦风的文笔好，写文章对他来说是轻而易举的事情，总经理同意了。

副总把要写的材料用QQ发给秦风，让秦风看了之后跟他联系，沟通如何着手写这份材料。

秦风接到材料时，对副总说："我看完就给你回复。"

　　副总问："大概多长时间能看完这些材料？"

　　秦风说："一个小时肯定能看完，一个小时之内我给你回复。"

　　副总说："好。"

　　就这样，副总耐心地等着，等着秦风看完材料，对相关资料有所了解，然后跟他商量如何写这份材料。可是，一个小时过去了，还不见秦风回话。又过了半个小时，副总忍不住在QQ上问秦风材料看完了没有，可是不见秦风回话。副总又打电话给秦风，这才联系到秦风，秦风说："材料已经看完。"

　　副总生气地问秦风："你说了一个小时之内会给我回复的，怎么没见你回复呢？"

　　秦风说："我忘记了！"

　　副总无语，告诉他以后要说话算数，说好回复的时间一定要做到。

　　无论在生活中，还是在工作中，类似秦风这样的行为，在很多人身上都有表现——说好的在某个时间内回复，但是你却不见他回复。等你去询问情况时，对方却轻描淡写地用一句"我忘了"来敷衍。因为不能及时沟通，导致信息传递受阻，直接影响上级的决策。因此，上司最反感员工不能及时回复。如果你想给上司留下好印象，那么一定要想办法改正这种回话陋习。

　　有一次，在外地出差的销售员张倩收到客户的投诉信息，说他们的产品存在质量问题，张倩马上对客户说："我会立即

把你的意见反馈给公司领导，两个小时之内给你回复。"

挂断电话之后，张倩立即给上司打电话，把客户的投诉信息汇报给上司，并将客户的联系方式、详细信息传到公司的售后服务部门。做完这些，了解到上司对这件事的态度之后，张倩马上拨通了那位客户的电话，将上司的处理意见告诉客户。

张倩的及时回话让客户感到意外，因为据他所知，很多公司接到客户投诉电话时，往往嘴上说得好，但是放下电话之后，就开始拖延、敷衍，只要客户不打电话催促，他们很少主动打电话联系客户。想到这些，他对张倩公司产品的不满情绪一下子减少了很多。

随后，公司的售后部门给该客户打来电话，非常积极地处理了客户的投诉信息，圆满地解决了这次所投诉的产品质量问题。

对比一下张倩和秦风，如果你是客户或领导，无疑会更喜欢张倩，因为她说好在什么时间内回复，就能在什么时间内回复，而不是把说出来的时间当成一种拖延的借口，这种守信的回话习惯，值得每一个人拥有。

很多时候，我们答应好了在某个时间内回复，却没有按时回复，原因很可能是没有圆满解决别人的问题，没有做到别人想要的结果，于是我们不好意思回话，害怕别人失望；或者说，我们想等到把事情圆满解决了，再回话给别人。

张先生的电动车在一次交通事故中严重损坏，他将电动车送往当地的售车专卖店修理。店老板表示，这些撞坏的部件要从外地邮寄过来，需要等几天。张先生问对方："大概什么时间能到货，能安装好？"

老板说："大概得四天，第五天就可以给你安装好，到时候给你打电话，叫你来取车。"

张先生说："好，那我等你消息。"

可是，五天过去了，张先生并未收到店老板的电话，六天过去了，七天过去了，张先生等不下去了，打电话过去问明情况，得到的回复是："公司总部发货发错了，那些零部件还要重发。"

张先生非常生气："你为什么不告诉我？你说了第五天给我打电话，你怎么说话不算数啊？"

店老板义正词严地说："没有把你的车修好，给你打电话干什么？打了电话也没用！"

张先生说："那可不一样，你在说好的时间里回话，证明你重视这个问题，重视客户的感受，而且客户可以根据你的回话，安排自己的事情。比如，我知道电动车没有修好，我就继续借用别人的车，可你不给我回话，我以为第五天肯定可以取车，就把从朋友那里借来的车归还了。这不是影响我的生活吗？你这种行为就是典型的服务态度问题。"

无论你有没有在说好的时间内做好别人需要的事，都应该及时对别人做出回话，及时反馈事情的进展，这样对方可以根据事情的进展，及时安排自己的工作计划。而且就像张先生说

的那样，在说好的时间里回话，至少可以表明一种重视的态度。

　　当上司交代你办一件事，或当朋友请你帮忙，你在对他们做出回话的时候，一定要考虑清楚时间期限。比如，朋友找你帮忙，问你多长时间能办好，你如果随口一说："三天搞定。"而事实上，你三天根本无法搞定，那么三天之后，留给朋友的将是失望。

　　如果你冷静地思考，把办好这件事的时间估算得更精确一点，并在说好的时间内回话，而且确实是办好了事情之后回话，那么朋友就会觉得你靠谱，能说到做到。

及时反馈，效率至上

　　无论是在工作中与上下级或同事交流问题，还是在日常交谈中闲谈聊天，回话的速度都直接影响了沟通的质量。尤其是在书面语沟通中，更应该做到回话及时、到位，否则，很容易造成沟通双方误会，影响沟通的质量。

　　有家服装设计公司 最新一季度的新品设计刚刚出炉，就有一家大客户有意向购买他们的整套样衣，于是客户经理立马就把这套设计的报价和具体资料传真了过去。该服装设计公司知道，他们一开始给出的定价有些高，但公司的销售人员觉得，定价高也没关系，便于在之后的谈判中掌握主动权。

　　可让该服装设计公司没想到的是，资料发过去五天了，一直没有收到客户的回话。这可急坏了服装设计公司的总经理，总经理紧急召开会议讨论应对方案，问大家："是不是对方对报价不太满意？是不是竞争对手也向这家公司提供了新品设计？是不是对方更中意竞争对手的设计啊？"

　　结果在第六天，客户终于打电话来了，问："你们的资料

为什么还没有发过来？"原来，服装公司传真过去的资料，客户根本没有收到。

服装公司的传真发过去之后，客户是否收到，基本上很快就知道，可是客户第六天才反馈："你们的资料为什么还没有发来？"这种回话速度显然太过迟钝、缓慢，导致五天之中，服装公司总经理胡思乱想。这个例子告诉我们，在书面语回话中，没有什么比及时反馈更重要。

某公司的总经理在北京进修，课程马上就要开始了，他收到了一条信息。

秘书："昨天那个合同今天早上10点传真过去了，对方收到了。"

总经理："好的。"

下午上课时，这位总经理又收到一条信息，是秘书发来的。

秘书："客户已经签订了合同。"

总经理："很好，合同内容有没有改动？"

秘书："没有改动，完全是按我们提供的合同条款来签的。"

总经理："很好，我可以安心上课了。"

这个例子让我们看到回话速度的重要性。作为秘书，工作进展到哪一步，都要随时向上司汇报，及时回话，让上司放心，这是非常好的工作习惯。

很多人以为工作做完就可以了，上司不问，他们也不反馈，他们不知道上司着急在哪里。反馈就是一种回话，既包括口头向上司、向同事汇报工作，也包括采用电话、短信、传真、邮件等方式汇报工作。

在上述反例中，服装设计公司宁可坐等五天，也不主动寻求反馈，而客户更是没有主动给予反馈，他们两方在反馈上都做得不好。在工作中，如果别人没有给你及时反馈，那么你有必要主动寻求反馈，提醒对方需要反馈的信息，而不是被动地等待，那样只会白白地消耗双方的时间，影响彼此的沟通效率。

一般来说，当上司交代给你一件事情，在事情应该完成的每个节点时要及时反馈，即使事情没完成，也要保证第一时间反馈。假设你是财务人员，接到业主通知前去收款，路上要一个小时。当你拿到工程款后，第一个应该反馈的对象就是你的上司：工程款是否收到？收到了多少？因为如果你两个小时之内没有回话，上司就会着急：工程款是否收到？有没有遇到什么事？怎么还不告诉我消息？即使收款中业主改变主意，不予付款，你也要及时反馈给上司，这样上司才可以迅速跟业主联系，主动与之沟通和周旋，想办法把欠款拿到。

做任何事情，其效果都有层次之分，反馈也讲究技巧，讲究艺术。要想保证反馈到位，那么就要注意细节。以取工程款为例，如果项目资金没到手，不能光反馈没拿到这一事实，还需要反馈原因——业主为什么不给，以便上司有的放矢，更好地解决问题。

在反馈的时候，及时性是一方面，但也必须做到客观真实

的反馈，绝不能谎报事实，掩盖真相，报喜不报忧。当你在某个环节上失误时，不要因为担心受到上司的责怪而不敢反馈真实的情况。当新的情况出现时，你也不能因为过于相信自己，而要把事情如实上报，请上司定夺。假如你不如实地反馈，一旦因为信息沟通受阻，导致给工作造成很大的不良后果，那么你将负有不可推卸的责任。

有针对性的回答才能消除误解

当今社会，我们频繁地运用网络工具交流，如 QQ、微信、电子邮件，以及被人们逐渐淡忘的书信交流。这些交流不同于口语交流，当我们问的问题别人没有回答时，我们很难及时追问。即便追问了，对方可能也没有看见，因为之前的信息会不断地被后来的信息覆盖，导致前面未被回答的信息被遗忘。有这样一段聊天记录：

甲：昨天你与客户谈得怎么样？出差什么时候回来的？

乙：出差回来已经有三天了，好累啊！你最近忙什么呢？

甲：是的，出差旅途奔波，是比较辛苦的。我最近在谈一项新的合作项目，目前还在谈判初期。

乙：那得加把劲啊，祝你成功。

甲：嗯，会的。你出差期间，与客户谈得怎么样？听说是个大客户！

乙：唉，别提了，我去那个客户的厂区看了，什么大客户啊，就是个小作坊，搞得我失望极了。

在这段对话中，甲第一句话就问乙"与客户谈得怎么样"，可是乙好像没看见这条信息一样，没有针对这个问题做出回答，最后甲通过追问，才得到乙的回答。网络沟通中，如果别人问你一个问题，你没有针对性地作答，那么肯定会影响沟通质量。

尤其是涉及关键信息时，如果不能针对性地给出回答，让问话者心里惦记着，还会引起问话者的怀疑，对方可能觉得你沟通不坦诚，在有意地回避一些问题。因此，无论是在邮件沟通中，还是在网络的沟通中，如果可以，应该有问必答。

一家汽车信息咨询网站，在面对网友的询问时，能够做到有问必答，赢得了网友的一致好评：

问：我一家四口，想买一辆车，不知道是买三厢的好还是两厢的好？

答：一般来说，三厢车用于公务车为主，两厢车适合家庭用户。目前欧美等国都流行两厢车，他们的新产品也是以两厢车为主，这是因为两厢车能最大限度地利用有限的空间。

问：如果要买一辆车，在价格相同的情况下，应最先考虑哪些因素？

答：在价格相同的情况下，首先要考虑汽车的排放性能和安全性能。

在这段问答中，回话者能够针对提问者所提的问题，给出针对性极强的回答。作为回话者，他们的回答原则就是有问必答，给客户最满意的答案。其实，不但是回话者应该有问必答，我们在日常交谈或工作交流中，也应该尽可能做到有问必答，尤其是用书面语回话时，一定要考虑到书面语的特点，尽可能地有问必答。

在网络沟通中，难免有不小心看错别人问题、回答错误的现象。比如："你的工作报表还没上交是吗？"就这么简单的一句话，有人就可能看成："你的工作报表交了是吧？"这就提醒我们，在书面语交流时，一定要看清提问，不要忙于回答，因为慢一点回答总比回答错误好一些。

有时候，由于信息互动太快，交谈的双方根本看不清对方说了什么，只能看个大概，这样就很容易漏掉信息，一旦漏掉，对方就不得不继续追问，这样就会影响沟通的效率。

正确的称呼，让人感受到你的重视

让我们先来看一个故事：

一天纪晓岚进宫等待召见，却在宫里等了很久，也不见乾隆到来，他就对随行的人笑道："老头儿怎么来得这么迟？"

没想到话音刚落，乾隆就到了跟前，因为他穿的是便服，也没有带随从，所以谁也没有留意到他。乾隆听见纪晓岚的话，略有怒气地问他："你说的'老头儿'是谁啊？"

一旁的侍读学士见此情景，吓出一身冷汗。纪晓岚先是一惊，随后马上灵机一动地说："说的正是圣上您哪，寿与天齐叫作'老'，巍然屹立叫作'头'，天之骄子叫作'儿'。"

乾隆听了这番恭维，气儿一下子就消了，才不再追究。

虽然纪晓岚伶牙俐齿，但也告诉我们：说话不可口无遮拦，要恰当地称呼别人，否则，会引起别人的不愉快。其实，不仅是在口头交谈中我们需要恰当地称呼别人，在书面沟通中，同样需要恰当地称呼别人。一个恰当的称呼，有时候往往会瞬间拉近彼此的心理距离。

有位女士快四十岁了，由于之前长期从事家政工作，看上去比实际年龄要大一些。后来一次偶然的机会，她进入职场，成为一名办公室人员。在平时的工作中，经常要与人进行邮件沟通，在邮件里，经常有人称呼她"阿姨"，这让她很不高兴。如果对方称呼她"姐姐"，她则很高兴地阅读邮件，办事效率也会高很多。

有一次，一名销售人员了解到这位女士的心理，在邮件沟通中，一口一个"姐姐"地叫，那叫一个亲热。叫得她心花怒放，很快就被说服了，答应购买这个销售人员推销的产品。

在邮件沟通中，一开始就要称呼别人，如果称呼不对，肯定会引起别人的不快。例如，对方明明是个年轻姑娘，你却称呼对方"大姐"，把别人叫老了，别人就可能反感；别人明明是个长辈，而你是晚辈，你却称呼对方"兄弟"，也就不合适了。

在职场商务邮件沟通中，正确地称呼别人，并不只是表现在对对方年纪的准确把空上，还要恰当地称呼对方的职位，对于那些有职位头衔的沟通对象，你在给他们写邮件时，一定要紧跟头衔。例如，张经理、王主管、赵总监等。称呼他人的头衔，是对别人职位的一种认可，会让人感受到你的重视。

书面沟通中的称呼，一般来源于口头沟通中的正确称呼，也就是说：两个人在面对面的沟通中，有过令人愉快的称呼之后，在书面沟通中，再使用这个称呼。因此，面对面交谈时的称呼正确与否就很关键，尤其是在职场中，有时候一句恰当的称呼，

有可能关系到一笔业务的成败。

在职场称呼他人时，一定要学会察言观色。如果你是职场新人，而且年纪较轻，那么不妨先听听身边的老同事是怎样称呼身边的同事的。在很多公司里，员工之间相互喊"姐""哥"，这样称呼不仅是对比你大的同事的尊重，还能拉近双方的距离。

称呼别人之后，你也要学会察言观色，看看别人在你称呼他之后，表情有什么变化，如果你看到别人很开心，说明你的称呼正合他意；如果你看到别人不开心，说明你的称呼引起了别人的反感。在这种情况下，你就有必要及时调整对他的称呼，直到他满意为止。

虽说人都希望被人赞美，但是如果你与别人的关系不是特别好，最好不要用过于亲昵的称呼来称呼对方。正确的称呼是：如果你了解对方职务，首先应按职务称呼，如"张主任"；如果不知晓对方的职务，那么就按照最日常的"王先生""李小姐"称呼，但要把性别先搞清楚。

在与人沟通时，无论是口头语沟通，还是书面语沟通，最好的称呼是对方的名字。只要你能够牢记对方的姓名，并礼貌地喊出来，或在书面沟通中写出来，就可以快速拉近彼此的距离，使对方对你产生良好的印象。记住别人的名字，并在沟通中不断地说出来，会让你结交更多的朋友。

巧用称呼拉近彼此距离

众所周知，在沟通对话中，只要开口就是针对某个对象来沟通的，人称是不可或缺的。举个简单的例子，假如三五个人在一起交谈，你想对其中某个人说话，你一定要在说话的时候称呼对方，或用眼神与对方打个招呼，或直接叫对方的名字，让对方知道你接下来要和他说话。如果没有这一步，那么，你的话就不容易被对方知悉，甚至还可能引起其他人的误解。

有个人邀请四位好友来家中吃饭，其中三个人准时到了，只剩一人还未到。主人有些焦急，念叨着："这都几点了啊！怎么该来的还不来？"

有一位客人听了很不高兴，对主人说："你的意思是我不该来吗？那我走了，再见！"说完，头也不回地走了。

主人连忙说："哎呀你看看，不该走的怎么又走了！"

听到主人这么说，又一位客人生气地说："你的意思是我们该走了？"说完就调头走了。

主人见又气走了一位客人，心急如焚。最后留下来的朋友就劝他说："不是我说你啊，你以后说话可得注意点！"

主人叹了口气说："唉，我根本不是那个意思啊，压根就不是说他们。"

这朋友听了，顿时火冒三丈，生气地说道："你真是没救了！敢情你说的是我喽！简直要被你气死！"

在这段话中，主人针对那位迟迟未到的朋友的话，由于没有明确指向沟通对象，导致朋友纷纷产生误解，一个个在气愤中离去。这就告诉我们，回话时一定要有具体的对象，尤其是在群体沟通中更是如此。一个懂得在回话时清楚明白地告知沟通对象的人，才是真正懂沟通的人。

几个朋友在一起吃饭喝酒，大家你一言我一语地闲聊，其中一人在回话时，就特别注重告知他所回话的对象。

大家聊到考驾照的话题时，王飞说："我考驾照还算幸运的，只有科目二重考了一次，其他三个科目都一次性顺利通过。"

刘健说："我就不那么走运了，科目二重考了一次，科目三重考了两次，前后耽误了半年，真的太沮丧了。"

张全听了他们的对话，积极回应道："王飞，你科目二是怎么'挂'的？是不是因为当时紧张？"

王飞说完原因后，张全点头回应，然后他又问刘健："阿健，你科目三重考了两次啊？那就是说科目三考了三次是吗？"

刘健无奈地笑了："是啊，太丢人了！你可别笑话我！"

张全说："怎么会笑话你呢？考驾照本来就有很多意想不到的因素。王飞，你说是不是啊？"张全有意把王飞拉进对话中来，以免他一个人被晾着了。

王飞笑着说："是啊，有些人练车练得很好，考试就出问题，可能是因为紧张吧！"

刘健说："说真的，考试的时候我也没紧张，但是因为过路口时，突然闯出来一辆电动车，当时慌了神，反应慢了，结果就……"

张全说："没看出来啊阿健，平时见你做什么事都那么淡定，考科目三时咋不淡定了呢？"

刘健笑着说："我啊有那么淡定啊！"

在这段对话中，张全在沟通中，就十分重视告知沟通对象，让对方知道他说的每一句话是在针对谁的，这样沟通就不容易产生误解。

有些人在回话时，在说出人称的时候，不称呼对方的姓名，而是用"喂""哎"等词去打招呼。如果是与朋友或熟悉的人聊天，这样打招呼也无可厚非，如果与不太熟悉的人，或与客户交谈时，总是以"喂""哎"这样的词语去告知对方你在跟他说话，就显得不太礼貌。

在我们身边，有很多人在与人交流时喜欢将"我"字挂在嘴边，在回话的时候也是如此。其实，这对与人沟通、与人交往是不利的。聪明的人在回话时，懂得用"我们"这个人称代词，无形之中就拉近了自己与他人的距离，对消除意见分歧有很好的作用。